나만의 여행을 찾다보면 빛나는 순간을 발견한다.

잠깐 시간을 좀 멈춰봐.
잠깐 일상을 떠나 인생의 추억을 남겨보자.
후회없는 여행이 되도록
순간이 영원하도록
Dreams come true.

Right here.
세상 저 끝까지 가보게

New normal

뉴 노멀^{New normal} 이란?

흑사병이 창궐하면서 교회의 힘이 약화되면서 중세는 끝이 나고, 르네상스를 주도했던 두 도시, 시에나(왼쪽)와 피렌체(오른쪽)의 경쟁은 피렌체의 승리로 끝이 났다. 뉴 노멀 시대가 도래하면 새로운 시대에 누가 빨리 적응하느냐에 따라 운명을 가르게 된다.

전 세계는 코로나19 전과 후로 나뉜다고 해도 누구나 인정할 만큼 사람들의 생각은 많이 변했다. 이제 코로나 바이러스가 전 세계로 퍼진 상황과 코로나 바이러스를 극복하는 인간의 과정을 새로운 일상으로 받아들여야 하는 뉴 노멀New normal 시대가 왔다.

'뉴 노멀New normal'이란 시대 변화에 따라 과거의 표준이 더 통하지 않고 새로운 가치 표준이 세상의 변화를 주도하는 상태를 뜻하는 단어이다. 2008년 글로벌 금융위기를 겪으면서 세계 최대 채권 운용회사 핌코PIMCO의 최고 경영자 모하마드 엘 에리언Mohamed A. El-Erian이 그의 저서 '새로운 부의 탄생When Markets Collide'에서 저성장, 규제 강화, 소비 위축, 미국 시장의 영향력 감소 등을 위기 이후의 '뉴 노멀New normal' 현상으로 지목하면서 사람들에게 알려졌다.

코로나19는 소비와 생산을 비롯한 모든 경제방식과 사람들의 인식을 재구성하고 있다. 사람 간 접촉을 최소화하는 비대면을 뜻하는 단어인 언택트Untact 문화가 확산하면서 기업, 교육, 의료 업계는 비대면 온라인 서비스를 도입하면서 IT 산업이 급부상하고 있다. 바이러스가 사람간의 접촉을 통해 이루어지므로 사람간의 이동이 제한되면서 항공과 여행은 급제동이 걸리면서 해외로의 이동은 거의 제한되지만 국내 여행을 하면서 스트레스를 풀기도 한다.

소비의 개인화 추세에 따른 제품과 서비스 개발, 협업의 툴, 화상 회의, 넷플릭스 같은 홈 콘텐츠가 우리에게 다가오고 있으며, 문화산업에서도 온라인 콘텐츠 서비스가 성장하고 있다. 기업뿐만 아니라 삶을 살아가는 우리도 언택트Untact에 맞춘 서비스를 활성화하고 뉴 노멀New normal 시대에 대비할 필요가 있다.

뉴 노멀(New Normal) 여행

뉴 노멀New Normal 시대를 맞이하여 코로나 19이후 여행이 없어지는 일은 없지만 새로운 여행 트랜드가 나타나 우리의 여행을 바꿀 것이다. 그렇다면 어떤 여행의 형태가 우리에게 다가올 것인가? 생각해 보자.

■ 장기간의 여행이 가능해진다.

바이러스가 퍼지는 것을 막기 위해 재택근무를 할 수 밖에 없는 상황에 기업들은 재택근무를 대규모로 실시했다. 그리고 필요한 분야에서 가능하다는 사실을 알게 되었다. 재택근무가 가능해진다면 근무방식이 유연해질 수 있다. 미국의 실리콘밸리에서는 필요한 분야에서 오랜 시간 떨어져서 일하면서 근무 장소를 태평양 건너 동남아시아의 발리나 치앙마이에서 일하는 사람들도 있다.

이들은 '한 달 살기'라는 장기간의 여행을 하면서 자신이 원하는 대로 일하고 여행도 한다. 또한 동남아시아는 저렴한 물가와 임대가 가능하여 의식주가 저렴하게 해결할 수 있다. 실리콘밸리의 높은 주거 렌트 비용으로 고통을 받지 않지 않는 새로운 방법이 되기도 했다.

■ 자동차 여행으로 떨어져 이동한다.

유럽 여행을 한다면 대한민국에서 유럽까지 비행기를 통해 이동하게 된다. 유럽 내에서는 기차와 버스를 이용해 여행 도시로 이동하는 경우가 대부분이었지만 공항에서 차량을 렌트하여 도시와 도시를 이동하면서 여행하는 것이 더 안전하게 된다.

자동차여행은 쉽게 어디로든 이동할 수 있고 렌터카 비용도 기차보다 저렴하다. 기간이 길면 길수록, 3인 이상일수록 렌터카 비용은 저렴해져 기차나 버스보다 교통비용이 저렴해진다. 가족여행이나 친구간의 여행은 자동차로 여행하는 것이 더 저렴하고 안전하다.

▦ 소도시 여행

여행이 귀한 시절에는 유럽 여행을 떠나면 언제 다시 유럽으로 올지 모르기 때문에 한 번에 유럽 전체를 한 달 이상의 기간으로 떠나 여행루트도 촘촘하게 만들고 비용도 저렴하도록 숙소도 호스텔에서 지내는 것이 일반적이었다. 하지만 여행을 떠나는 빈도가 늘어나면서 유럽을 한 번만 여행하고 모든 것을 다 보고 오겠다는 생각은 달라졌다.

최근에 유럽뿐만 아니라 동남아시아에서도 다양한 음식과 문화를 느껴보기 위해 소도시 여행이 활성화되고 있었는데 뉴 노멀New Normal 시대가 시작한다면 사람들은 대도시보다는 소도시 여행을 선호할 것이다. 특히 동남아시아의 치앙마이, 나트랑, 호이안 등은 소도시로 떠나는 여행자가 증가하고 있었다. 그 현상은 앞으로 증가세가 높을 가능성이 있다.

■ 호캉스를 즐긴다.

싱가포르나 동남아시아로 여행을 떠나는 방식도 좋은 호텔이나 리조트로 떠나고 맛있는 음식을 먹고 나이트 라이프를 즐기는 방식으로 달라지고 있었다. 이런 여행을 '호캉스'라고 부르면서 젊은 여행자들이 짧은 기간 동안 여행지에서 즐기는 방식으로 시작했지만 이제는 세대에 구분 없이 호캉스를 즐기고 있다.

코로나 바이러스로 인해 많은 관광지를 다 보고 돌아오는 여행이 아닌 가고 싶은 관광지와 맛좋은 음식도 중요하다. 이와 더불어 숙소에서 잠만 자고 나오는 것이 아닌 많은 것을 즐길 수 있는 호텔이나 리조트에 머무는 시간이 길어졌다. 심지어는 리조트에서만 3~4일을 머물다가 돌아오기도 한다.

Intro

일본이 다시 열리기 시작했다. 코로나 바이러스가 전 세계를 강타했을 때 해시태그 출판사는 새로운 가이드북을 계속 준비했다. 그러다가 2022년 11월부터 해상으로도 일본을 다녀올 수 있게 되었다. 그래서 대마도를 다시 꺼내들었다.

뭔가 쉽고 가볍게 떠나는 색다른 여행은 없을까? 어디론가 멀리 떠나고 싶기도 하지만 마음대로 휴가를 낼 수 있는 상황은 아니기에 여기저기 알아보다가 대마도를 알게 되었다. 해외여행을 이처럼 간단하게 떠날 수 있는 곳이 있을까? 게다가 당일치기부터 1박2일, 2박3일까지 자전거를 타면서 산을 올라가면서 작은 식당의 오래된 정성을 맛보고 따뜻한 봄날 벚꽃을 여유롭게 즐기고 싶다면, 사람들로 꽉 찬 해운대의 부산함을 피해 나만의 해수욕을 하고 싶다면, 원시의 산림에서 단풍길을 걸어보고 싶다면 대마도로 떠나야 한다.

오래보아야 사랑스럽고 단순해서 아름답다. 대마도는 그런 섬이다. 여행자에게 기대이상을 보여준다는 이야기를 많이 한다. 아직 여행자들은 대마도에서도 당일치기나 1박2일 정

도의 바쁜 여행을 하는 아쉬운 여행패턴을 가지고 있지만 원시 같은 자연에서 쉬어가는 지혜를 알려준다.

대마도 여행이 다시 시작한다고 해도 다시 이전의 활기찬 여행이 돌아올지 누구도 모른다. 하지만 대한민국과 일본의 교류는 이어지는 것이 좋을 것이다. 과거보다는 미래를 향해 가는 한·일 관계를 바란다. 조선말 아픈 역사를 알 수 있는 대마도 여행은 역사여행으로도 나쁘지 않다.

이제 일본의 구석에서 대한민국의 많은 관광객이 찾는 땅으로 바뀌어 가는 여행지의 정보를 빠짐없이 실었다. 대마도에 대한 정보를 원한다면 해시태그 대마도에서 찾아볼 수 있을 것이라고 자부한다. 일상을 벗어나 단순하게 바라보게 만드는 여행은 행할 용기만 필요하다. 삶이 복작한 것처럼 여행은 복잡하지 않아야 한다. 우리가 복잡하게 살았을 뿐이다. 삶은 간단하고 간단한 것이 가장 옳은 일이다. 해외여행을 가장 쉽게 다녀올 수 있는 대마도로 이제 떠나보자.

Contents

ABOUT
대마도

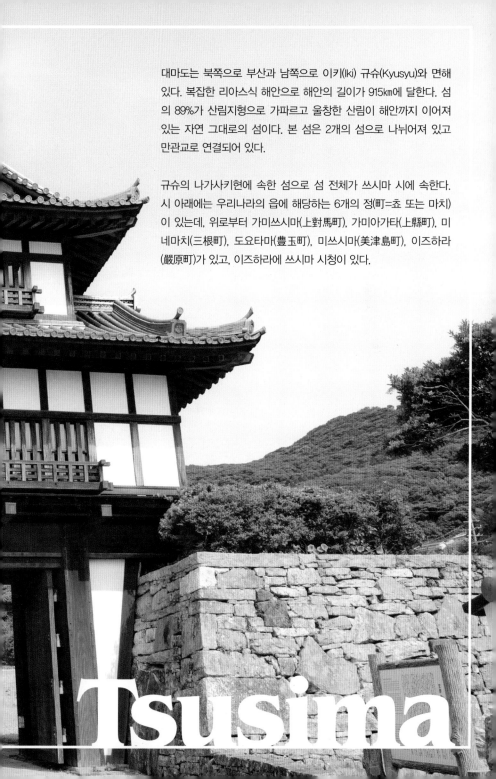

대마도는 북쪽으로 부산과 남쪽으로 이키(Iki) 규슈(Kyusyu)와 면해 있다. 복잡한 리아스식 해안으로 해안의 길이가 915㎞에 달한다. 섬의 89%가 산림지형으로 가파르고 울창한 산림이 해안까지 이어져 있는 자연 그대로의 섬이다. 본 섬은 2개의 섬으로 나뉘어져 있고 만관교로 연결되어 있다.

규슈의 나가사키현에 속한 섬으로 섬 전체가 쓰시마 시에 속한다. 시 아래에는 우리나라의 읍에 해당하는 6개의 정(町=쵸 또는 마치)이 있는데, 위로부터 가미쓰시마(上對馬町), 가미아가타(上縣町), 미네마치(三根町), 도요타마(豊玉町), 미쓰시마(美津島町), 이즈하라(嚴原町)가 있고, 이즈하라에 쓰시마 시청이 있다.

Tsusima

한눈에 보는 대마도

▶ **위치** | 동경129°, 북위34°

▶ **면적** | 709㎢

▶ **지형** | 남북 약 82km, 동서 18km의 가늘고 긴 모양의 섬

▶ **인구** | 31,550명(2017년 3월 기준)

▶ **기후** | 쓰시마 난류가 흐르는 해양성 기후

▶ **시차** | 일본과 시차가 없음

▶ **통화** | 엔화(¥)

▶ **전압** | 110V(변환 어댑터 사용요망)

와타즈미신사

아소만

아유모도시자연공원

아케다 제방

가라스 소철

와타즈

쓰시마 사슴보호구역

아소만

에보시다케 전망
신화의 마을 캠프

가네다성유적
(조선식 산성)

고모다하마신사

미쓰시마

야타테야마고분

사라타케산

구로세

197

24

와카타
(와카타벼루산지)

웅타리랜드
쓰시마

아소베이파크

44

쓰시마공항

아타테산

아리아케산

이즈하라

만관교

쓰시마자키

계쳐

미쓰시마
해수욕장

382

아유모도시
자연공원

192

이즈하라
이즈하라항

쓰쓰이탄카타해수욕장

다테라산

구타

24

오후나에

오우라해수욕장
아오시오노사토 캠프장
(방갈로, 캠프, 해수욕장)

쓰쓰자키

오후나에

18

해신신사

사오자키공원
쓰시마 야생생물 보호센터

센보마키산전망대   아지사이(수국)로드

버드워칭공원   이쿠치하마해수욕장

382   사스나

가미아가타   178

한국전망대

와니우라   이팝나무 자생지

182

382   히타카츠   미우다해수욕장
캠프장   나기사노유

39

슈시강 단풍길   아지로의 연흔
& 하트스톤

부산으로
후쿠오카로

해신신사   169   180   가미쓰시마   니시도마리해수욕장

호타루노유   미네마치
역사자료관

미네   382   56

미네   48   긴의
장수은행나무   모기하마 해수욕장

소가묘소(엔쓰지)   39

마   39   마쓰시마공원

나가사키곶

한국전망대

대교

만관교

19

대마도 사계절

일본보다 대한민국과 더 가깝게 붙어있어서 기후는 한국의 부산과 비슷하다. 일본으로 벚꽃을 보기 위해 가는 관광객이 많은 것처럼 대마도에도 히타카츠에서 벚꽃을 보러 가는 관광객이 많아졌다.

봄
Spring

여름
Summer

여름에는 미우다 해변으로 여름 해수욕과 캠핑을 즐기러 온다.

가을에는 가미쓰시마의 명소인 슈시 단풍길로 등산을 하는 등산객도 늘어난다.

겨울의 날씨는 바다가 인접한 섬이라서 바람이 불어서 춥게 느껴지지만 눈은 거의 오지 않는다.

■ 작지만 큰 기쁨

대마도 여행에서는 유럽이나 일본 본토처럼 많은 것을 보고 먹을 수는 없다. 워낙 작은 섬이고 한국과의 교류가 많은 곳이라 외국이라는 생각은 다른 여행지보다 덜하다. 그러나 사람은 자신과 닮은 것에 더 호감을 가지는 법이다. 대한민국의 문화가 녹아있는 여행지로 고향 집을 다녀온 것 같이 '꽉 찬' 마음을 느낄 수 있다.

■ 한 해 대마도를 여행하는 한국인은 30만 명 이상이다.

사실 오늘날 대마도가 한국인의 인기 여행지로 개발된 것은 독도가 자기네 땅이라고 우기는 일본의 도발에서 시작되었다. 부산-대마도 직항 운항을 적극 권유했고 마침내 1999년 부산-대마도 뱃길이 생겼다. 지금은 많은 여행사들이 대마도 여행 상품을 팔고 있고, 낚시 · 캠핑 · 등산 여행지로도 인기를 끌게 되면서 2017년에는 30만 명 이상이 찾는 인기 여행지가 되었다.

■ '대마도'와 '쓰시마'라는 이름

일본에 말馬이 없었던 2세기에 '말 마馬'자가 들어가는 '대마도對馬島·말 두 마리가 마주
보고 있는 것 같은 모양의 섬'라는 지명이 생길 수 있었던 건, 고대부터 말을 키우던 우리
나라에서 붙여 줬기 때문이라는 이야기다. '쓰시마'라는 이름 또한 '두 섬Tu−Sem'이라는
한국어 발음이 변형됐을 가능성이 높다고 한다.

■ 대마도의 생명줄이었던 조선통신사

대마도는 조선통신사가 반드시 거치는 기항지였다. 한양에서 출발한 일행은 부산을 거쳐 대마도에 상륙했다가 다시 수로와 육로를 이용해 에도(지금의 도쿄)로 갔다. 돌아올 때도 마찬가지. 조선 왕실에서는 통신사의 출발일이 결정되면 관리 3사(정사, 부사, 종사관)를 궁으로 불러 어사주를 내렸고, 그날 밤에는 영의정이 남대문 밖에서 송별연을 열어 주었다. 출발 전날엔 마포나루터에 통신사 일행과 그 가족들이 모두 모여 송별연을 가졌고, 부산에 도착하면 무사왕복 기원제를 올렸다.

산악이 많은 대마도 특성상 자급자족은 불가능하여, 일본 본토보다 가까운 조선과의 교류는 대마도 생존의 필수선택사항이었다. 특히 대마도 민속박물관에는 번주 일가가 제작한, 대마도의 편의를 위해 조선과의 교류 때 사용된 토쿠가와 막부의 위조국새를 보관 전시중인데, 이는 대마도의 지정학적 생존 역사 현실을 말해준다고 할 수 있다.

대마도에 한국인 관광객이 증가하는 이유

대한민국에서 가장 가까운 외국

부산에서 배를 타고 1시간 10분이면 한반도에서 가장 가까운 외국, 일본 대마도(對馬島)에 닿는다. 일본에서는 쓰시마(つしま)라고 부르지만 우리에겐 대마도로 더 익숙한 섬이다. 행정구역상 일본 나가사키 현에 속해 있는데, 거리로는 부산까지 49.5㎞, 후쿠오카까지 142㎞여서 일본 본토보다 한반도에 훨씬 가깝다.

자전거로 소소한 재미를 담은 대마도

자전거를 타고 도로를 달리며 가장 많이 들을 수 있는 단어는 '안녕하세요'라는 한국어 인 사일 것이다. 덥고 습한 날씨에 짜증이 날법도 하지만 처음 보는 낯선 사람에게도 친절한 대마도 사람들 덕분에 내내 웃으며 여행을 즐길 수 있다.

이즈하라와 히타카츠 여객 터미널에서 내리면 일본의 시골길을 돌아보면서 천천히 여행 을 즐길 수 있다. 자전거를 타다가 더우면 아이스크림 자판기에서 녹차 아이스크림을 구매 할 수 있다. 다양한 맛과 아이스크림 종류를 판매하고 있는 이 자판기는 '일본에 왔다'라는 사실을 알려주는 소소한 정보이다.

■ 애메랄드색 바다가 펼쳐진 풍광

바라만 봐도 가슴이 뻥 뚫리는 남태평양의 휴양지를 방불케 한다. 사람들은 바다를 향해 셔터를 누르고 뭉게구름은 미소로 반기는 듯하다. 여름에도 한가한 미우다 해수욕장은 부산의 해운대 해수욕장처럼 붐비지 않아 여유롭게 지내려는 가족의 휴양지로 안성맞춤이다. 다들 바다의 풍경에 자신의 모습을 담으려고 집중하는 장면이 아름답다.

▓ 조상들이 대마도에 남긴 수많은 흔적들

대마도를 가기 전까지 '대마도가 한국 땅'이라는 말이 좀 터무니없다고 생각했다. 잘 모르기도 했고 무관심했다. 대마도를 가면 덕혜옹주 결혼 봉축 기념비부터 최익현 순국 기념비등 우리 조상들이 대마도에 남긴 수많은 흔적들을 눈으로, 머리로, 가슴으로 느끼면서 관심이 증가하게 된다.

■ 면세 쇼핑의 기회

외국이라 면세 쇼핑의 기회는 똑같이 주어진다. 부산항 여객터미널엔 양손에 바리바리 쇼핑백을 든 사람들이 많았다. 뱃삯만 내면 되니 부산 사람들은 면세 쇼핑을 위한 당일치기 대마도 여행을 자주 한다. 가장 저렴한 해외여행을 갈 수 있는 곳이 대마도로 왕복 6만 원대이다.

입국 수속은 선상에서 하고 일본 땅에 내리면 오전 10~11시. 물론 종일 자유일정이다. 다시 부산항 컴백하면 저녁 5시. 깔끔한 당일치기 해외여행이다. 인기 있는 이유가 있다. 면세쇼핑 때문인데 해외인 대마도는 면세쇼핑이 가능하다. 이동하는 페리의 비용이 주중 6만원, 주말 13만~18만원 전후라서 충분히 가능하다.

일본 여행에서 알아두어야 할 에티켓

1. 일본은 에티켓이 대단히 중요한 나라이다. 무엇보다 다른 이에게 피해를 주는 것을 싫어한다. 대중교통을 이용할 때나 호텔, 식당 등 사람들이 모이는 공공장소에서도 큰소리로 떠들거나 다른 사람에게 피해를 주는 행동은 하지 않아야 한다.

2. 인물을 촬영할 때는 허락을 받고 찍는 것이 좋다. 대형 쇼핑몰이나 상점 내부에 진열된 소품 등을 허락 없이 찍을 때는 제재를 하는 경우가 많다.

3. 현지 식당을 이용할 때는 과자나 음료수 등을 식당에 들고 들어가지 않아야 한다. 작은 식당도 자부심이 강해서 자신의 카페나 식당에서 제공하지 않는 음식을 반입하는 것은 예의가 아니라고 생각한다.

4. 식당에 들어가서 빈자리가 보인다고 아무 자리나 앉지 말고 기다려야 한다. 식당을 이용하는 인원을 말하면 앉을 자리를 지정해 주고 나면 해당 자리에 앉는 것이 좋다. 그 자리가 싫다면 다른 자리로 바꾸어달라고 이야기하면 된다.

5. 주문을 할 때는 큰 소리로 부르지 말고 서로 눈을 마주쳤을 때를 기다려야 한다. 눈이 마주치는 순간 손을 들고 말하면 되고 2인이 1인 메뉴를 주문하는 것도 실례이다.

6. 식당에 비치된 소스는 국자나 숟가락을 이용해 자신의 접시에 덜어서 먹는 것이 또한 예의이다.

7. 일본 버스는 우리나라와 반대로 뒷문으로 승차해 앞문으로 내린다. 버스에서 내릴 때 버스가 정차한 후에 자리에서 일어나 내리는 것이 일반적이다. 승객이 완전히 내릴 때까지 기다리기 때문에 우리나라처럼 급하게 내려야 할 필요가 없다.

대마도 여행에서 꼭 필요한 꿀TIP

멀미약이 꼭 필요

'멀미약을 입에 털어 넣고 꾸벅꾸벅 졸았
더니 금세 도착이네'라는 표현이 가장 좋
다. 배에서 읽으려고 책을 가지고 갈 생
각은 말아야 한다. 거리 분위기는 영락없
는 일본 시골마을인데, 가는 곳마다 온통
한국어 표지판이라 한국 같기도 하다.
식당과 호텔 직원들은 대부분 기본적인
한국말을 구사하고, 주요 관광지마다 있는 조그마한 커피트럭에서는 한
국 돈으로 값을 치를 수 있을 정도다. 알고 보니 일본 본토에서 대마도를
여행하는 사람은 극히 드물고, 대마도를 찾는 여행객의 95%가 한국인이란다.

페리에서 내리는 문은 가운데가 가장 빠르다.

늦게 내리면 입국심사 시간이 1시간도 넘게 오래 소요된다. 입국을 할 때 시간이 많이 있다

면 문제가 되지 않지만 대마도 입국심사
는 1시간 정도가 소요되기 때문에 빨리
입국심사를 마치려면 페리Ferry에서 빨리
내려야 한다. 페리에서 내리는 문은 가운
데와 뒷문을 개방하여 내릴 수 있는데 상
대적으로 가운데 문이 빨리 내릴 수 있
다. 왜냐하면 뒷문은 줄이 2줄이 되어 섞
이므로 상대적으로 내리는 시간이 더디다.
페리에서 내리면 바로 입국심사대로 이동할 수 있다. 늦게 내리면 길게 이어진 줄에서 차
례대로 입국심사를 하면 된다. 입국심사는 양손 검지 손가락의 지문을 채취하고 눈을 앞의
카메라에 응시하면 빠르게 마치게 된다. 대한민국이 구제역이 발생한 지역이라 일부 입국
심사에 문제가 생기는 음식은 미리 확인하는 것이 좋다.

항구에서 빨리 내리면

항구에서 가까운 식당에 갈 수 있다.
항구에서 내릴 때는 점심시간이므로 배
에서 내려 입국심사가 끝이 나면 다들 식
당으로 이동한다. 항구에서 멀어질수록
관광객이 줄어든다. 아니면 남들보다 빨

리 입국심사가 끝나면 여행객들에 앞서 자리를 잡을 수 있다. 이곳 식당에서는 일본어가 필요 없다. 대부분의 식당 앞에 친절하게 한국어로 표기된 표지판이 보이기 때문에 한국어로 확인하고 주문을 할 수 있다.

대마도는 일본어를 못해도 불편함이 적다.

대마도는 대한민국의 관광객이 많기 때문에 어디를 가도 한국어 표지판을 볼 수 있어 큰 어려움 없이 여행할 수 있다. 당일치기로 계획한다면 걸어서 갈 수 있는 곳 위주로 가자. 버스가 많지 않고 택시도 자주 다니지 않기 때문에 시간 내에 도착하지 못해 잘못하다가 페리를 놓칠 수 있다. 만약 1박2일이나 2박3일 등 길게 일정을 계획했다면 자전거나 렌트카를 대여해서 여행하는 것이 좋다.

당일치기가 가능한 해외여행

부산항이 지척인 부산 아주머니들 사이에선 벚꽃 일본 여행 코스로 더욱 인기를 얻고 있다. 서울에서 부산을 가는 것이 힘들기는 하지만 9시30분 출발인 대마도 여행이 가능하다. 새벽 5시 서울역 출발 첫 KTX를 잡아타고 부산으로 가면 부산역 도착이 7시 50분 전후이고 여객터미널이 부산역에서 5분이면 도착하는 거리이기 때문에 충분히 오전 출발 가능한 시간이다.

가장 저렴한 일본 벚꽃 여행

봄에는 벚꽃, 흐드러지게 핀 일본 벚꽃을 대마도에서 본다고 생각 하지 못했을 것이다. 봄 벚꽃 최고의 포인트는 2 곳으로 가을 단풍의 메카인 슈지가 봄에는 봄꽃 포인트로 돌변한다. 또 하나의 벚꽃 포인트는 미쓰시마로 벚꽃터널을 볼 수 있는 수준은 아니지만, 일본 전통 가옥을 따라 팝콘처럼 펑펑 터진 왕 벚꽃을 볼 수 있다.

K · A · G · O · S · H · I · M · A

대 마 도
여 행 에
꼭필요한
INFO

대마도의 역사

고려말~ 조선 임진왜란 전

한국과 일본 양국에 조공하고 정치적 경제적 안정을 도모했다고 전한다. 고려 말 왜구가 창궐하자 1389년 창왕이 박위를 시켜 대마도를 토벌했다. 조선의 세종 역시 왜구토벌을 목적으로 이종무로 하여금 대마도를 정벌케 하기도 한다. 세종대왕이 1419년 이종무 장군을 필두로 대마도를 정벌했고, 이듬해인 1420년 대마도 8대 도주(島主)가 "대마도는 토지가 척박하고 생활이 곤란하니 대마도 사람들을 조선에 의탁한다"는 문서와 함께 대마도를 조선에 바친 것 또한 역사적 사실이다. 세종대왕은 "대마도를 경상도에 예속시켰으니 앞으로 모든 보고와 문의는 반드시 경상도를 통해 하도록 하라"는 답서를 보냈고 그때부터 대마도는 공식적인 조선의 영토가 되었다.

임진왜란

대마도는 전통적으로 조선과 일본 양국의 지배를 받는 양속관계(兩屬關係)를 유지했다. 그러다가 1592년 임진왜란의 거점이 됨으로써 대마도는 조선의 영향권 밖으로 사라진다. 1598년 임란종결 이후 실권을 쥔 도쿠가와 이에야스는 선조에게 조선통신사 파견을 강력히 요청한다. 1607년 〈회답겸쇄환사〉라는 명칭의 조선통신사가 일본으로 향발(向發)했을 때 첫 번째 기착지(寄着地)가 대마도였음은 주지하는 사실이다.

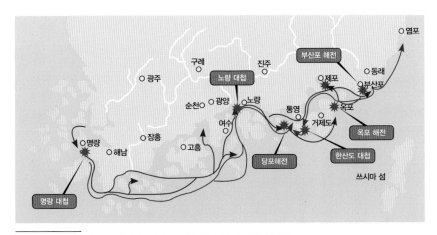

양속관계(兩屬關係) : 양쪽으로 속해있는 관계 / **향발(向發)** : 목적지를 향하여 출발함
기착지(寄着地) : 목적지로 가는 도중에 잠깐 들르는 곳 / **도주(島主)** : 조선 시대에, 대마도의 영주(領主)를 이르던 말

임진왜란 후

임진왜란1592~1598년 이후 조선과 교역이 끊기자 극심한 기아에 시달리게 됐다. 평지가 없고 땅이 척박해 쌀농사를 지을 수 없었던 대마도는 조선과의 무역으로 식량을 공급 받아 먹고 살고 있었다. 대마도 도주였던 소 요시토시(宗義智)는 국서를 위조하면서까지 일본 막부와 조선 왕실의 외교 회복에 필사적으로 매달렸다. 그렇게 성사된 조선통신사는 대마도가 살아남기 위해 몸부림친 결과였다.

조선통신사(1607~1807)

조선통신사는 조선이 1607년부터 200여 년간 12회에 걸쳐 일본에 파견한 외교사절단이다. 당시 조선통신사 일행이 한 번 일본을 오가는 데 6개월에서 1년의 시간이 걸렸고, 매번 300~500명에 달하는 대규모 인원이 움직였다는 걸 생각하면 적은 횟수가 아니다. 이 조선통신사의 길을 연 것이 대마도다. 대마도에서 가장 번화한 이즈하라에는 지금도 그 역사를 기억하는 '조선국통신사의 비(朝鮮國通信使之碑)'가 세워져 있다. 그 앞의 쓰시마 역사민속 자료관에는 길이 16.58m에 달하는 조선통신사 행렬도가 소장되어 있다.

조선 침략의 전초기지(1872~)

근세에 들어 명치유신과 함께 시행된 폐번치현(廢藩置縣)으로 인해 번주 소씨는 세습지위를 반납하고 백작이 된다. 이 백작 작위를 물려받은 소 타케시(宗武志)가 바로 덕혜옹주와 결혼한 주인공이다. 1903년부터 러일전쟁을 대비해 건설한, 섬을 남북으로 갈라놓은 운하, 그리고 미군 공습에 대비한 구 일본군 진지 등 근현대 관련 유적도 산재한다.

폐번치현(廢藩置縣) : 메이지 유신 시기인 1871년 8월 29일(메이지 4년 7월 14일)에, 이전까지 지방 통치를 담당하였던 번을 폐지하고, 지방 통치 기관을 중앙 정부가 통제하는 부(府)와 현(縣)으로 일원화한 행정 개혁이다.

쇼핑

티아라 쇼핑몰
대마도 이즈하라에는 대형마트가 여러 곳 있다. 그중에서도 티아라 쇼핑몰은 가장 규모가 크고 중심지에 위치해 있어 여행객들이 가장 많이 찾는 곳이다. 입구에는 큼지막한 한국어 안내문도 붙어 있다. 마트에는 일본 본토에서 만날 수 있는 식료품과 생활용품 등이 모두 들어와 있어 구경하는 재미가 쏠쏠하다.

면세정보
선내 면세점 이용 고객은 신용카드(체크카드 사용불가)나 원화, 엔화로 결제가 가능하여 많은 승객들이 구입하고 있다. 면세품을 구입하려면 여권을 지참해야 하고 엔화가격은 원화와 다르기 때문에 문의를 해야 한다. 대마도를 향해 갈 때 술을 구입하는 관광객은 음주운전은 삼가해야 해서 구입한 술을 마시면 안 된다.

	한국 입국시의 면세 범위	일본 입국시의 면세 범위
주류	1병(1L이하의 해외취득가격 U$600이하) / 1 L(한 병)	3병 / 3L(한 병)
담배	200개비 / 1보로	국산, 외국산 각 200개비 / 2보로
향수	2온스 / 2oz	2온스 / 2oz
선물	해외 취득가격 합계액이 U$600 이하의 선물	해외 시가의 합계액이 20만엔 이하의 물품
기타	여행 중에 필요하다고 인정되는 신변품 등	

자판기 천국

자판기 문화가 발달된 나라 일본. 담배 자판기, 잡지 자판기 등 특이한 자판기가 많이 보급돼 있는 곳이 일본이다. 대마도에서도 역시나 특이한 자판기 하나를 발견했다. 이런 것이 여행의 소소한 재미랄까. 아이스크림은 슈퍼마켓에서만 사서 먹을 수 있다는 편견을 깨주는 '아이스크림' 자판기가 신기하다.

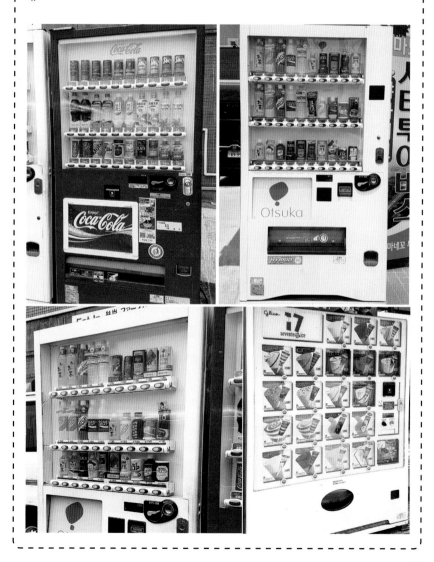

대마도 대표마트 밸류 다케스에, 밸류 사이키

대마도의 '이마트'라고 생각하면 이해가 쉬울 것이다. 대마도 어디를 가든지 볼 수 있는데 규모가 큰 마트형태는 '사이키 밸류'라고 부르고 슈퍼같은 작은 지점은 '다케스에'라고 부르는 경우가 많다. 히타카츠에서 먼저 먹거리를 구입해 여행을 시작하면 굶으면서 여행하지 않아도 될 것이다. 렌트카로 이동하면 더욱 이동하면서 다양한 먹거리를 체험하면서 즐거운 여행이 될 것 같다.

오우라

히타카츠에서 가장 큰 마트로 이즈하라의 티아라몰같은 장소이다. 과자, 맥주 등의 먹거리와 드러그 스토어 아이템 등 다양한 물건들이 많다. 히타카츠 항에서 걸어서 가기 힘든 거리라 렌트카로 이용하면 좋다.

주소_ 上対馬町 比田勝 821
영업시간_ 09:00~21:00
전화_ 0920-86-20171
Mapcode_ 972 007 221

히타카츠

대마도에 위치한 큰 마트로 히타카츠 항 근처에 위치해 있다. 곤피라 신사 정면에 위치해 접근성이 높다. 주차가 힘들어 차량보다는 걸어서 가는 것이 가장 유리하다.

주소_ 上対馬町 比田勝 821
영업시간_ 09:00~21:00
전화_ 0920-86-20171
Mapcode_ 539 866 184

미쓰시마

대마도에서 가장 큰 밸류 마트이다. 드러그스토어, 베이커리와 같이 있고 쓰시마 그랜드 호텔에 1박을 하는 관광객이 많이 찾는다.

영업시간_ 08시~22시
전화_ 0920-54-3334
Mapcode_ 526 383 347

도요타마

도요타마에 도착할 때쯤이면 5시정도는 되기 때문에 배가 고프다. 이럴 때 이즈하라로 이동하려면 시간이 오래 소요되기 때문에 도요타마의 사이키 밸류 마트에 들러 간단하게 먹거리를 구입해 이동하면 힘들지 않게 이동이 가능해 많이 찾는다.

주소_ 豊玉町仁位 1536-1   영업시간_ 08시~22시
전화_ 0920-58-00002   Mapcode_ 526 833 070

마트 아이템

곤약젤리

NO 1 젤리로 복숭아맛, 포도 맛, 귤 맛등이 있다. 마트마 다 가격이 다르기 때문에 가 격을 확인하고 구입한다. '파 우치형'만 반입이 가능하다.

킷캣 녹차

NO 1 초콜릿으로 바삭바삭 한 과자가 들어있어 녹차 맛 이 나지만 누구나 좋아하는 맛이다. 녹차맛 외에도 할로 윈 한정이나, 일본주, 와인 등의 맛도 있다.

인절미 과자

인절미 맛이 나는 과자로 아 이들이 좋아한다. 부피가 조 금 크기도 하지만 한번 빠지 면 헤어나올 수 없는 맛이다.

호로요이

인기 과일맛 알콜 음료도 단 맛이 나지만 심하지 않아 여 성들이 특히 좋아한다. 복숭 아, 딸기, 레몬, 사과맛 등이 있는데 복숭아 맛이 가장 인 기가 높다.

UFO 라면

간편하게 즐기는 일본의 인 기 컵라면이다. 쫄깃한 면발 과 생생한 채소의 식감을 즐 길 수 있다.

키리모찌

구워 먹는 떡으로 가래떡을 구워먹을 수 있어 인기가 높다.

시세이도 퍼펙트 휩(Perfect Whip)

클렌징 폼으로 400¥대의 높은 가성비의 제품으로 조금 만 사용해도 거품이 풍부히 난다.

41

드러그 스토어 아이템

휴족시간(休足時間)
다리에 피로가 느껴질 때 사용하면 좋다. 여행을 마치고 숙소에 돌아와 붙이면 다리의 피로가 절로 풀린다.

동전파스(ROIHI-TSUBOKO)
동전모양으로 생긴 파스로 아픈 부위에 붙이면 즉시 열이 난다. 부모님께 사드리는 효도선물 중의 하나이다.

사카무케아(サカムケア)
상처에 바르는 액체 반창고로 베인 부분과 갈라진 부위에 발라주는 메니큐어 형태의 반창고인데 방수가 된다는 점이 특징이다.

오타이산(太田胃散)
일본의 국민 소화제로 불리우는 가루형태의 소화제로 과식, 속쓰림 증상에 1회분씩 포장된 제품에 복용하면 된다.

샤론파스(サロンパス)
일본의 국민파스로 명함정도의 크기에 140매 정도가 들어있다. 작은 지퍼백이 있어 휴대가 간편하다.

호빵맨 모기패치(ムヒパッチ)
여름철 여행에 필수 아이템으로 모기에 물린 부위에 붙이면 간지러움이 사라지고 부기도 가라앉아 아이들에게 특히 유용하다.

카베진(キャベジン)
일본의 국민 위장약으로 양배추 성분으로 위를 튼튼하게 하면서 소화를 도와준다. 우리나라에도 판매되지만 비싸다. 한국에 정식 수입된 제품은 캬베진S, 캬베진A(알파)는 성분을 추가한 상품으로 일본에서만 구할 수 있다.

메구리즘(めぐりズム)
눈의 회복을 돕는 온열 마스크로 하루의 눈 피로를 풀기에 좋은 인기 아이템이다.

특산물

표고버섯

산림이 울창한 쓰시마 는 여러 가지 버섯들이 자라기 좋은 조건을 갖 추고 있다. 11월~1월까 지 수확되는 표고버섯은 추운 기후에 원목 에서 천천히 성장하기 때문에 두텁고 단단 하며 향이 좋다.

오징어

대마도 인근 바다는 일 본 홋카이도(北海道)다 음의 2번째 오징어 산 지이다. 갓 잡은 오징 어를 햇볕에 말리는 모습을 어디에서나 쉽 게 볼 수 있다.

가스마키

대마도에서 한번은 먹 어보는 롤형태의 빵으 로 약 350년의 전통을 자랑하는 특산물이다. 얇은 카스테라의 빵 속에 팥을 넣어 말아 만든다. 쓰시마 여행 선 물로 가장 많이 구입하는 특산물이다.

토속주 · 소주

해발 515m인 쓰시마 제일의 산 시라타케(白 嶽)의 샘물로 만드는 「시라타케(白嶽)」는 쓰 시마 유일의 정종이며, 첫 맛이 부드러운 소 주 「야마네코」도 사랑받고 있다.

진주

오래 전부터 쓰시마는 고급 천연 진주가 채취 되는 섬이었다. 지금은 아소만에서 양식되어 일본 전국에 출하되고 있다. 물이 맑기로 유 명한 쓰시마의 명산품으로 그 크기와 광택은 다른 진주와 비교되지 않을 만큼 뛰어나다.

성게

자양강장 식품으로 알려진 성게는 막 잡은 신선한 성게의 맛을 즐길 수 있다. 특히 쓰시 마의 맑은 바다에서 자란 성게는 여행 선물 로 인기가 높다.

천연소금

최근 관광객에게 인기를 모으고 있는 천연 소금은 깨끗한 쓰시마 의 바닷물을 사용하여 전통제조법으로 만들 어진다. 해초 성분이 들어있어 요오드와 미네랄 함유량이 풍부하 다고 한다.

벌꿀

하치도(蜂洞)로 불리는 쓰시마 특유의 둥근 모양의 벌집에서 채취하고 있으며, 맛이 깊 고 향이 좋으며 약효가 뛰어나 조선통신사 의 접대 식품으로 사용되기도 하였다.

야마네코캐릭터상품

쓰시마의 마스코트인 야마네코의 캐릭터 상 품이 나오고 있다. 음식부터 과자와 빵까지 다양하다.

일본 우동과 라멘

우동

우리나라에서도 여행을 갈 때 휴게소에서 한번쯤은 먹는 것이 우동이다. 하지만 그 맛은 대단히 불량하다. 우동은 탱탱한 면이 입으로 올라가면서 "후루룩"소리를 내면서 먹게 된다. 소리를 내지 않고 먹어야 예의라고 배운 우리에게 우동은 후루룩소리는 필수적으로 내게 되는 음식이다. 그래서 일본의 우동 맛집은 후루룩 소리가 끊임없이 요란하게 들리는 곳이면 의심하지 말고 맛집이라고 생각하면 된다.

우동은 밀가루, 소금, 물로 만든 반죽을 손으로 치대면서 숙성시키고 면의 굵기와 모양에 따라 식감이 달라지고 국물과 고명에 따라 달라지는 맛으로 일본 여행에서 빼놓고 먹을 수 없다. 우동 위에 얹은 유부, 고기, 파, 튀김 등에 따라서도 맛이 달라지고 각 식당마다 자부심을 가지고 만드는 음식이다.

바삭한 우엉 튀김을 얹은 고보텐 우동, 납작한 어묵 하나를 덮은 마루텐 우동이 기본 음식이다. 국물은 다시마와 말린 멸치, 해산물이 우려져 깔끔한 맛이 나와 마시면 개운한 느낌을 가지게 된다. 면은 정사각형 모양이지만 칼국수처럼 매끈한 면과 탄력이 넘치는 시코쿠 지방의 사누키 우동 같은 특징을 가지고 일본의 각 지방마다 특징적인 우동을 가지고 있다.

우동은 어디서 발생한 음식일까? 우동은 후쿠오카에서 1214년, 에도시대에 쇼이치 국사가 송나라에서 돌아오는 길에 우동과 소바를 만드는 기술을 가지고 와 전파가 되었다고 한다. 쇼이치 국사는 중국의 국수를 가지고 와 승려와 상류층만 먹을 수 있는 음식으로 전해지다가 에도시대에 중기 이후부터 널리 전파되기 시작했다고 한다.

라멘

중국의 납작한 면에서 왔다는 '라멘'은 메이지 유신 이후 일본이 개항하면서 나타났다. 중국인들이 노점에서 납면을 만들어 판 밀가루 반죽은 손으로 가늘게 늘려 면을 뽑아 만드는 수타면 음식으로 시작되었다고 알려져 있다. 1958년 닛신 식품이 튀겨서 만든 치킨 라멘이 판매되면서 '라멘'이라는 이름으로 고정되어 지금은 일본을 대표하는 국민 면에 이르게 되었다.

면과 국물, 국물 위에 얹는 고명으로 라멘은 지역과 식당마다 다양한 종류로 맛집이 생겨나고 있다. 일본은 라멘국가라고 할 수 있을 정도로 라멘의 종류가 다양하다. 된장으로 맛을 내는 미소라멘, 간장을 넣어 만드는 쇼유라멘, 소금으로 깔끔한 맛을 내는 시오라멘, 돼지 뼈로 고아낸 육수가 특징인 돈코츠 라멘이 있다.

돈코츠 라멘은 후쿠오카에서 만들어진 라멘으로 국물이 우리나라의 돼지고기 국밥에서 나오는 맛과 거의 비슷하다. 부산의 돼지국밥과도 비슷한 맛이다. 우리가 인스턴트 라면에 익숙해져 있어서 일본 라멘의 진한 국물 맛 때문에 일본 라멘을 싫어하는 사람도 있다. 하지만 부산의 돼지국밥 맛을 좋아한다면 일본의 라멘 맛도 좋아할 것이다.

대마도에는 한국인의 관광이 늘어남에 따라 식당에서 한국인을 위한 김치라멘도 만들어질 정도로 대한민국 관광객을 위한 라멘도 판매되고 있다.

음식

대마도에서 일본이라고 말이 통하지 않을까봐 긴장할 필요가 없다. 대부분의 식당에는 한국어 메뉴판이 있어서 손으로 가리키기만 해도 충분히 음식의 주문이 가능하다. 한국인 관광객을 상대로 한 수입이 대부분이기 때문에 한국어 관련 표지판과 설명이 구비되어 있다.

이시야키(いしやき)
800도 이상의 열로 달군 석영반암이라는 특수한 돌을 데워 신선한 해산물을 구워먹는 대마도의 대표 요리이다.
화강암에서 원적외선이 방출되기 때문에 겉은 바삭하고 속은 촉촉한 해산물을 즐길 수 있는 것이 특징이다. 해산물에 간을 하거나 양념을 하지 않기 때문에 해산물 고유의 맛을 즐길 수 있다.

이시야키

돈짱(とんちゃん)
재일교포로가 양념에 재운 돼지고기를 야채와 함께 구운 요리이다. 대마도에서 '야키니쿠'라고 하면 돈짱을 가리킬 정도로 주민들에게 사랑받는 있다.

돈짱

로쿠베(ろくべえ)
고구마를 발효시켜 만든 전분을 사용한 면 요리이다. 검고 굵은 면은 탱탱하고 탄력이 있으며, 어패류나 토종닭, 표고버섯 등으로 우려낸 육수와 잘 어울려 시원하고 담백한 맛이 특징이다.

로쿠베

붕장어(あなご)
싱싱한 횟감을 먹고 싶다면 어떻게 해야 할까? 일본인들 대다수는 우리와 달리 활어회보다는 선어회를 선호한다. 활어회는 바로 잡아서 뜬 생선이지만, 선어회는 숙성시킨 것이다.

대형마트에 가면 싱싱한 활어회는 아니더라도 신

붕장어

선한 선어회는 있다. 대마도는 일본 최고의 붕장어 어획량을 자랑한다. 대마도의 서쪽 해안에서 잡히는 붕장어는 살이 두툼하고 지방이 많아 일본 국내에서도 드물게 붕장어회를 맛볼 수 있다.

이리야키(いりやき)

대마도의 가정에서 옛날부터 자주 먹었던 전골 요리이다. 토종닭이나 벵에돔, 방어 등의 생선과 야채를 함께 끓여 푹 우려낸 국물 맛이 일품이다.

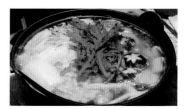

이리야키

가스마키(かすまき)

대마도 도주가 좋아했던 간식 카스마키는 '대마도 명물'이란 별명이 붙은 카스마키는 달콤한 팥소를 카스테라로 돌돌만 것으로 귀족의 카스테라였다. 카스마키의 어원은 카스텔라와 마키(巻き, 말이)의 조합어로 메이지 시대 이후에 서민들도 먹게 되었으며 역사를 느낄 수 있는 전통과자로 널리 사랑받고 있다.

베이커리로 유명한 일본답게 입에 넣으면 살살 녹는 부드러운 맛이 특징이다. 대마도 여행 중 간식으로 먹거나 선물용으로 사 가기에 좋다.

350년 역사의 전통 간식 가스마키는 카스테라를 동그랗게 말아 만든 대마도의 별미. 고소한 풍미로 가득한 카스테라가 단팥을 감싸고 있는데, 고소함과 달콤함의 절묘한 조화에 부드러운 식감까지 한입 먹으면 계속 먹게 되는 중독성이 있다.

대마도에서 가장 유명한 가스마키 맛집은 상대마도의 히타카츠항에 있는 야마하치 제과다. 오랜역사에 촉촉한 식감이 인상적이어서 손님이 끊이지 않는다.

가스마키

쓰시마 버거

대마도산 쇠고기와 오징어를 넣은 것이 특징인데, 오징어가 들어간 햄버거는 쓰시마 버거가 유일하다고 한다. 대마도가 속한 규슈 지방의 햄버거라면 미군기지의 영향을 받은 '사세보 버거'가 유명하지만, 주문을 받아 즉석에서 구워주는 쓰시마 버거는 빵 맛을 거의 느끼지 못할 정도로 고기가 두껍고 부드럽다.

쓰시마 버거

스시(すし)

일본의 스시(すし)는 현재 세계적인 고급음식으로 평가받고 있다. 소금, 식초, 설탕을 가지고 밥에 간을 하고 얇게 자른 생선, 김, 계란 등을 얹어서 손으로 누르면 만들어진다. 우리는 초밥이라고 부르는 일본의 스시(すし), 본고장에서 먹는 스시도 알고 먹으면 더 맛있어진다.

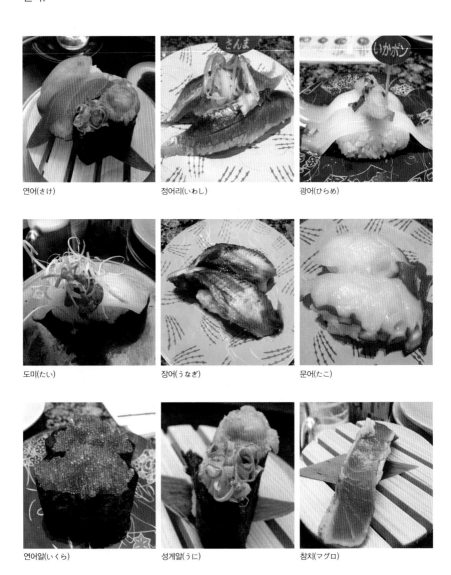

연어(さけ)   정어리(いわし)   광어(ひらめ)

도미(たい)   장어(うなぎ)   문어(たこ)

연어알(いくら)   성게알(うに)   참치(マグロ)

대마도 여행 밑그림 그리기

우리는 여행으로 새로운 준비를 하거나 일탈을 꿈꾸기도 한다. 여행이 일반화되기도 했지만 아직도 여행을 두려워하는 분들이 많다. 지금부터 대마도여행을 쉽게 한눈에 정리하는 방법을 알아보자. 대마도 여행준비는 절대 어렵지 않다. 단지 귀찮아 하지만 않으면 된다. 평소에 원하는 대마도여행을 가기로 결정했다면, 준비를 꼼꼼하게 하는 것이 중요하다.

일단 관심이 있는 사항을 적고 일정을 짜야 한다. 처음 해외여행을 떠난다면 대마도 여행도 어떻게 준비할지 몰라 당황하게 된다. 먼저 어떻게 여행을 할지부터 결정해야 한다. 아무것도 모르겠고 준비를 하기 싫다면 패키지 여행으로 가는 것이 좋다. 대마도 여행은 당일치기부터 1박 2일, 2박 3일, 낚시, 자전거 라이딩, 가족 여행 등 패턴도 다양하다. 해외여행이라고 이것저것 많은 것을 보려고 하는 데 힘만 들고 남는 게 없는 여행이 될 수도 있으니 욕심을 버리고 준비하는 게 좋다. 여행은 보는 것도 중요하지만 같이 가는 여행의 일원과 같이 잊지 못할 추억을 만드는 것이 더 중요하다.

다음을 보고 전체적인 여행의 밑그림을 그려보자.

1	패키지여행? 자유여행? (여행의 형태 결정)	7	얼마나 쓸까? 리스트 작성! (여행경비 산출하기)
2	나의 가능한 여행기간, 비용은? (여행 기간 & 예산 짜기)	8	일본어를 알면 편리한데? (간단한 일본어 익히기)
3	가고시마 여행? 항공권부터 알아보자. (항공권티켓 /성수기여행은 빨리 구입)	9	엔화? (환전하기)
4	숙박부터 알아보자! (숙소의 예약가능 확인)	10	왜 이리 필요한 게 많지? (여행가방싸기)
5	보고 싶고 먹고 싶은 게 많아요? (여행지 정보 수집)	11	11. 인천공항으로 이동
6	단기여행인 가고시마 꼼꼼한 일정은 필수! (여행 일정 짜기)	12	12. 드디어 여행지로 출발!

결정을 했으면 일단 고속 페리의 승선권을 구하는 것이 가장 중요하다. 전체 여행경비에서 페리 승선료와 숙박이 차지하는 비중이 가장 크지만 너무 몰라서 낭패를 보는 경우가 많다. 평일이 저렴하고 주말은 비쌀 수밖에 없다. 소셜커머스인 티몬, 쿠팡, 위메프에서 확인하면 페리, 숙박, 렌트카 등 편리하게 확인이 가능하다.

패키지여행이 좋을까요? 자유여행이 좋을까요?

처음으로 대마도를 여행한다면 대부분 패키지여행을 선호한다. 왜냐하면 "뭐 볼 게 있겠어?"라고 말하며 패키지로 쉽게 다녀오려고 한다. 하지만 대마도의 매력에 빠져들면 자유여행을 선호하게 된다. 게다가 해외여행이지만 대마도여행의 비용이 저렴하여 자유여행으로 다녀오려고 하는 경우가 많다. 그런데 가파르게 늘어나는 여행자가 많아지면서 여행의 형태도 달라지고 있다. 처음부터 당일치기나 1박 2일로 자유여행을 즐기는 관광객의 수가 더 늘어나고 있다.

편안하게 다녀오고 싶다면 패키지여행
서울부터 부산까지 가는 버스부터 페리와 숙소에 가이드까지 같이 가는 패키지여행은 여행의 준비가 필요없이 편안하게 다녀오면 되기 때문에 효도관광이나 동호회에서 패키지를 주로 선호한다. 가이드는 히타카츠에서 이즈하라까지 가는 일정과 숙소까지 다 안내해준다.

연인끼리, 친구끼리 가족여행은 자유여행
당일치기로 데이트여행을 오는 연인의 여행은 패키지여행은 어울리지 않는다. 여행지에서 원하는 것이 바뀌고 여유롭게 이동하며 보고 싶은 것을 마음대로 보고 맛집을 찾아가는 연인의 여행은 단연 자유여행이 제격이다. 친구끼리 낚시와 동호회에서 자전거 라이딩, 가족끼리 해수욕장과 온천을 천천히 즐기려면 자유여행을 다녀오는 것이 더 만족감이 크다.

대마도 숙소에 대한 이해

대마도여행에 대해 가장 질문이 많은 내용이 숙소에 대한 것이다. 대부분 대마도 여행이 처음이기 때문에 숙소예약이 의외로 쉽지 않다. 숙소를 예약하는데 가장 큰 문제는 숙박비이다. 대마도 숙소의 전체적인 이해가 필요하다.

1 해외여행을 한다면 먼저 항공권을 알아보고 도시간 이동하는 교통수단을 알아보고 숙소를 예약하지만 대마도여행에서는 반드시 숙박부터 확인하고 페리를 알아봐야 한다. 그렇지 않으면 페리의 왕복 승선비용은 저렴하지만 숙소 때문에 비싼 여행을 할 수도 있다.

2 호텔 시설은 우리나라 여관정도의 수준으로 호텔을 예약할 때는 룸 내부의 사진을 확인해야 한다. 가장 최근에 개장 한 도요코인 호텔은 저렴하고 시설이 좋아 인기가 높다. 이즈하라 시내에 있어 여행하기에도 편리하다.

3 대마도의 이즈하라에만 호텔이 많지, 다른 소도시에는 호텔보다 개인이 운영하는 민박, 펜션 형태이다. 펜션은 가족, 단체 여행객이 같이 요리를 하고 대화를 나눌 수 있는 공간이 있어서 유용하다. 호텔시설은 호텔이라기보다 여관정도의 수준이니 숙소에 대한 기대를 많이 하지 않는 것이 좋다

4 해외여행에서 일반적인 호텔을 이용한다면 당연히 룸 안에 침대가 있다고 생각한다. 그러나 대마도는 일본이라서 다다미방에 침대가 아닌 이불이 있는 경우가 있다. 그래서 룸 내부의 사진을 보고 예약하는 것이 좋다.

5 한국인들이 민박 형태로 대마도 숙소에 들어오고 있다. 아직 대마도는 한국인이 운영하는 숙소가 많이 없지만 점점 늘어나고 있는 추세이다.

▶숙소 예약 추천 사이트 _부킹닷컴 http://ww w.booking.com/
에어비앤비와 같이 전 세계에서 가장 많이 이용하는 숙박예약 사이트이다. 부킹닷컴에서 대부분 도시 위주로 검색하여 숙소를 찾으면 이즈하라 근처의 6개 정도만 숙박정보를 알 수 있다.

▶소셜커머스(티몬, 위메프, 쿠팡)
숙박은 물론 렌트카와 여행일정에 따라 페리까지 구입할 수 있어 대마도를 여행할 때 알고 있으면 유용하다. 소셜의 특징은 기본적으로 저렴한 여행을 할 수 있도록 책정된 가격이다. 그러므로 개인의 자유여행을 패키지형식으로 제공하고 있어 자신에 맞게 선택하면 편리하게 대마도여행을 할 수 있다.

▶ 가시쓰시마마치

	숙박이름	주소	전화번호
호텔	우메야 호텔	히타카츠 839-3	86-2016
	쓰시마 호텔 프라자	히타카츠 981-3	86-3216
민박	히타카츠	히타카츠 11-5	090-1966-8439
	니시도마리	니시도마리 267	86-2685
	야나기소	가와치 42	86-2765
	이즈미	이즈미 562-1	86-3571
호텔	호텔 가미소	이즈미 1634-5	86-3120
민박	다치바나	니시도마리 390	86-3173
	나쓰마루	아지로 516-1	86-4328
민박	쓰시마 미우다 펜션	미우다하마	86-3110

▶ 미쓰시마마치

	숙박이름	주소	전화번호
호텔	호텔 구코인	게치오쓰 362-1	54-3329
	쓰시마 그랜드 호텔	게치코 41-10	54-9100
민박	우키조	미카타 283	54-4311
	쓰리노이에	오후나코시 418	54-2711
	우에노소	네오 165	54-2660
	구로이와소	오후나코시 354	54-2086
	센바	게치오쓰 343	54-2414
	로지 쓰시마	게치오쓰 306	54-4700
	키라유라	구스보 661-2	54-5170
숙박전용민박	클럽하우스	미카타 33	090-4981-5064
펜션	나기	네오 7-9	54-2312
	아로하	다케시키 231-9	54-2344

▶ 이즈하라마치

	숙박이름	주소	전화번호
호텔	씨사이드 아넥스	게치오쓰 362-1	54-3329
	씨사이드 호텔	게치코 41-10	54-9100
민박	쓰타야 호텔	미카타 283	54-4311
	호텔 가키타니	오후나코시 418	54-2711
	호텔 긴세키칸	네오 165	54-2660
	호텔 쓰시마	오후나코시 354	54-2086
	야나기야 호텔	게치오쓰 343	54-2414
	쓰시마 대아 호텔	게치오쓰 306	54-4700
	뷰 호텔 미즈키	구스보 661-2	54-5170

▶ 가시아가타마치

	숙박이름	주소	전화번호
여관	미나토야	사스나 오쓰 1080	84-2023
민박	우리들 펜션	사스나 고우 1268-2	080-1710-8432
	펜현 히노키노모리	사스나 고우 1050	84-2700

▶ 미네마치

	숙박이름	주소	전화번호
여관	오하시 여관	미네 5-4	83-0010

▶ 도요타마마치

	숙박이름	주소	전화번호
민박	우라하마	지로모 270	58-0272
	사쿠모토	시타노우라 127-9	58-2005
	요시에	지로모 240-2	58-0265

	숙박이름	주소	전화번호
호텔	호텔 벨포레	미카타 33	090-4981-5064
	호텔 미쓰와관	네오 7-9	54-2312
	호텔 IZUHARA	다케시키 231-9	54-2344
	반쇼카쿠	게치오쓰 362-1	54-3329
	비조즈카 산소	게치코 41-10	54-9100
민박	마루야 호텔	미카타 283	54-4311
	우메노야	오후나코시 418	54-2711
	가이키소	네오 165	54-2660
	가즈야	오후나코시 354	54-2086
	미나토	게치오쓰 343	54-2414
	쓰쓰	게치오쓰 306	54-4700
	고메다	구스보 661-2	54-5170
민박	페코짱	미카타 33	090-4981-5064
펜션	시마모토스	네오 7-9	54-2312
	기라쿠나야도	다케시키 231-9	54-2344
	민박 센료		
	오렌지		
	IZUHARA PARA		
	곤도		
	아비루		
	이나카야 사이토		
	히노키 산소 쓰시마		
	쓰시마 세이잔지		

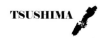

대마도 현지 여행 물가

대마도 여행에서 큰 비중을 차지하는 것은 숙박비다. 하루 숙박시 1인당 4500~7000엔(4만 5천~7만 원)이다. 한 방에 4명이 잔다고 해도 철저히 인원수대로 숙박료를 내야 한다. 일정에 따라 숙박비와 중식 그리고 기타 비용만 더하면 된다. 경비를 아끼려면 식사는 저렴한 도시락으로 해결하는 것이 좋다. 대마도 여행의 여행경비가 얼마인지 기본경비를 산출해 보자.

▶**왕복 승선료** : 6만 9천~12만 원
▶**왕복 유류할증료 및 터미널이용료**
　2만 2천~3만 200원
▶**숙박비** : 4만 5천~13만 원
▶**한 끼 식사** : 6천 원~1만 5천 원
▶**교통비** : 2~4만 원

구분	세부품목	1박 2일(1인 기분)	2박 3일(1인 기준)
왕복 승선료	고속 페리	69,000~150,000원	150,000~190,000원
왕복 유류할증료		12,000~32,000원	24,000~42,000원
숙박비	호텔, 펜션, 민박	45,000~150,000원	150,000~300,000원
식사비	한 끼	15,000~40,000원	30,000~60,000원
교통비	버스, 자전거, 렌트비	120,000~62,000원	30,000~82,000원
입장료	각종 입장료	10,000원~	20,000~
		162,000원~	404,000원~

대마도 여행 계획 짜기

1. 주말 or 주중

대마도여행도 일반적인 여행처럼 비수기와 성수기가 있고 요금도 차이가 난다. 주말과 주중 요금도 차이가 있다. 보통 주중은 일 · 월 · 화 · 수 · 목을, 주말은 금 · 토 · 일을 뜻한다. 비수기나 주중에는 할인혜택이 있어 저렴한 비용으로 조용하고 쾌적한 여행을 할 수 있다. 주말과 국경일을 비롯해 여름 성수기에는 항상 사람들로 붐빈다. 황금연휴나 여름 휴가철 성수기에는 몇 달 전부터 고속페리의 표가 매진되는 경우가 많다.

성수기에는 많은 관광객으로 인해 입국수속 시간도 오래 걸려 불편하다. 여행 물가도 할증이 붙어 비싸다. 많은 대한민국 사람들이 주말과 국경일을 비롯해 성수기에 대마도 여행을 즐기러 가기에 대마도 여행이 저렴하다는 이야기는 잘못된 이야기가 되고 만다. 당연히 시간을 내기에는 주중이 편하지만, 휴가를 내지 않는 한 직장인에겐 어쩔 수 없다.

2. 여행기간

대마도 여행을 안 했다면 "대마도는 작은 섬인데 1박 2일이면 충분하지?"라는 말을 한다. "아니면 2박 3일이면 다 둘러보지?"라는 말로 대마도여행을 쉽게 생각한다. 그런데 일반적인 여행이 아닌 "2박 3일 일정의 자전거여행으로 대마도를 깊숙이 보고 싶다면? 낚시를 하려고 오랜 시간을 대마도로 가고 싶다면?"이라는 생각을 못 할 수 있다. 하지만 지금 대마도여행에서 많이 하는 여행은 바로 이것이다.

대마도 자전거여행은 대부분 2박 3일 일정이다. 그런데 대마도의 깊숙한 면까지 둘러보고 보고 싶다면 5~6일은 필요하다. 아쉽지만 2박 3일로는 일부 지역만 돌아볼 수 있다.

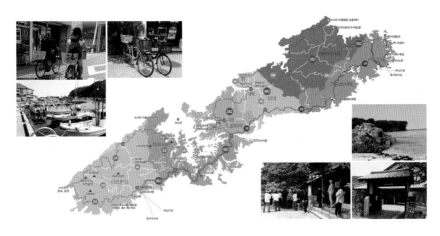

3. 숙박

대마도의 여행을 계획한다고 할 때 다른 여행과 가장 다른 점은 숙박을 먼저 예약해야 한다는 점이다. 숙박시설은 적은 편이어서 성수기나 주말에 거의 모든 숙소는 예약이 완료된다. 대마도 여행을 하려면 여행기간만 정해진다면 숙박을 먼저 예약해야 한다.

숙박시설은 대부분 히타카츠와 이즈하라에 몰려 있다. 그 외 지역은 관광지를 중심으로 간간이 있다. 일정과 코스에 따라 숙소를 어디에 정할지 고민되지만 여행 전에 정보 없이 숙박을 예약하지 않고 대마도로 출발한다면 큰 낭패를 볼 수도 있다. 호텔이나 펜션, 민박은 숙박비에 조식이 포함되는 경우가 대부분이지만 펜션은 조식이 포함되지 않는 경우가 있다. 저렴한 민박과 펜션은 1인당 4,500~6,000엔(4만 5천~6만 원) 정도이고, 호텔과 시설이 좋은 여관은 6,500엔(6만 5천 원) 이상이다.

4. 어느 항구로 들어가야 하나?

대마도는 히타카츠와 이즈하라 등 2곳의 항구가 있는데, 부산에서 출발하는 배는 두 항구를 번갈아 운항한다. 입항과 출항에 따라 4가지 경우의 수가 발생한다. ❶ 히타카츠로 입항해서 히타카츠로 출항하는 경우, ❷ 히타카츠로 입항해서 이즈하라로 출항하는 경우, ❸ 이즈하라로 입항해서 이즈하라로 출항하는 경우, ❹ 이즈하라로 입항해서 히타카츠로 출항하는 경우이다.

대마도는 입항과 출항하는 항구에 따라, 일정에 따라서 여행 코스와 범위가 달라진다. 자칫 대마도의 정취를 느끼는 여행이 아니고 출항하는 항구로 빠르게 이동해야 하는 여행이 될 수도 있다. 시간에 쫓기다 보면 느긋하고 여유로운 여행이 아니라 스피드를 요구하는 여행이 되기 때문에 조심해야 한다.

5. 어떻게 여행 계획을 짤까?

지도와 요일별로 입항과 출항 일정표를 보고 여행일정을 계획해야 한다. 1. 여행의 기간이 확정되면 2. 입항 항구와 출항 항구를 파악한다. 3. 숙박할 곳과 연계하여 하루 동안의 여행코스 거리를 측정해서 여행계획을 세우면 된다. 구글맵이나 일본어판 구글맵 참조(www.google.co.jp/maps)

6. 식사

제대로 식사를 하려면 한 끼에 1,500~2,000엔(1만 5천~2만 원)정도의 비용이 들어간다. 저렴한 식사를 하는 방법은 대형마트에서 도시락을 사서 먹는 방법 외에는 없다. 도시락은 500~700엔(5천~7천 원) 사이로 푸짐하게 식사를 할 수 있다.

대마도 추천 일정

대마도여행은 당일치기, 1박 2일 여행, 2박 3일이나 3박 4일 여행, 자전거, 낚시여행의 3가지 형태로 주로 나뉜다. 당일치기나 1박 2일 여행객은 이즈하라, 히타카츠를 중심으로 여행하고 2박 3일, 3박 4일은 대마도 전체를 둘러보는 여행으로 자동차를 이용해 대마도의 구석구석을 보려고 한다.

자전거여행은 1박 2일부터 5박 6일까지 다양하게 대마도를 자전거로 여행하는데 1박 2일 자전거여행은 여러 번 대마도를 여행할 계획으로 대마도를 나누어서 라이딩한다. 낚시여행은 한곳에 숙박을 정하고 배를 타고 낚시를 하는데 돔이 잘 잡히기 때문에 낚시전문가들이 많이 찾는다. 여행의 성격을 파악하여 여행일정을 계획하여야 하고 숙소도 민박부터 호텔까지 가격이 10만 원 정도까지 차이가 난다.

당일치기 여행
해외로 왕복 6만원이다. 봄에는 벚꽃, 흐드리지게 핀 일본하고도 대마도다. 한마디로 총알이다. 이동 수단도 '총알'이다. 그러니깐, 비행기만큼 빠른 고속선. 제트포일선(바다 위에 살짝 떠서 간다. 항공업체인 보잉사 제작) 코비나 비틀을 타고 찍는다. 급하니깐, 일단 코스부터 소개. 출발지는 부산항. 아침 8시 전후로 배가 뜬다. 소요 시간이라 해 봐야 1시간 10분 정도. 시기에 따라 입항하는 항구, 이즈하라와 히타카츠 두 곳으로 나뉜다. 입국 수속은 선상에서 하고 일본 땅에 내리면 오전 10~11시. 물론 종일 자유일정이다. 다시 부산항 컴백하면 저녁 5시. 깔끔한 당일치기 해외여행이다.

부산항이 지척인 '부산 아지매'들 사이에선 '벚꽃 마실 코스'로 각광을 받고 있다. 서울 여행족도 당일 충분히 가능하다. 새벽 5시 서울역 출발 첫 KTX를 잡아타고 부산으로 쏘면 부산역 도착이 7시 50분 전후. 부산항 위치가 부산역 뒤로 옮겨졌으니 충분히 오전 출발 가능한 타임이다.

현지 자유일정이라고 걱정할 것도 없다. 항만 주변 맛집만 찍어도 한나절이다. 조금 다이내믹하게 즐기고 싶다면 현지 시티투어 버스를 활용하면 된다. 예약할 때 미리 선택만 하면 추가 요금(버스투어 비용)을 내고 종일 즐길 수 있다. 조선통신사 유적지와 한국 전망대 등 한국과의 역사가 얽힌 명소만 골라 다닌다.

택시투어
자신만의 프라이빗한 투어를 원한다면 택시투어도 있다. 하루에 4만~5만원 정도면 부산 출발 전까지 택시를 전세 낼 수 있다.

아침에 가서 오후에 돌아오는 당일치기 여행

해외여행을 당일로 다녀올 수 있다는 것은 가능할까? 대부분은 불가능한 일이라고 답하겠지만 대마도를 말하면 가능한 일이 된다. 배를 이용해 부산에서 쾌속선으로 1시간 10분이면 도착하기 때문에 제주도보다 가까운 해외여행지이다. 이러한 지리적인 이점 때문에 인기가 급상승중인 주말 해외여행지가 되고 있다.

그동안 시간이 없고 경제적인 여유가 없어서 떠나지 못했다면 대마도로 출발해보자. 해외여행에서 면세점 쇼핑까지 즐길 수 있다. 당일치기여행에서 가장 중요한 점은 효율적인 여행루트를 짜는 것이다.

히타카츠 행

대마도 히타카츠 항구로 도착한다면 히타카츠가 도로의 분기점이 된다는 사실을 기억해야 한다. 좌측의 382번 도로와 우측의 182번 도로, 이즈하라를 가는 39번 도로의 3개 도로로 나뉜다.

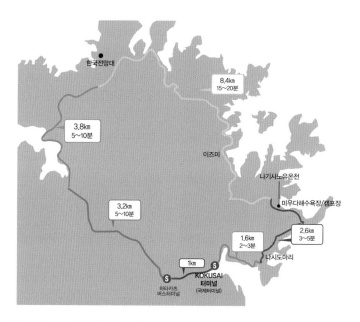

부산항 국제 여객터미널 → 고속 페리(1시간 10분) → **히타카츠버스터미널** → 자동차(20~25분) → **한국 전망대** → 자동차(10~15분) → **이팝나무 자생지** → 자동차(10~15분) → **미우다 해수욕장 & 나기사노유 온천** → 자동차(10분) → **식당 탐방** → 도보(2~5분) → **밸류마트** → **히타카츠 항구** → 고속 페리(1시간10분) → **부산항 국제 여객터미널**

이즈하라 행

부산에서 가장 가깝다고 해외여행을 대마도로 가지는 않는다. 울릉도의 10배, 제주도의 1/2 정도의 섬으로 볼거리는 상당하다. 섬의 모양도 남북으로 긴 지형적인 특성상 구석구석 보려면 2박3일은 잡아야 한다. 이즈하라를 중심으로 하루 동안 여행하기에 충분하다. 이즈하라는 주말에 여행자가 많이 늘어나기 때문에 복잡할 수 있다.

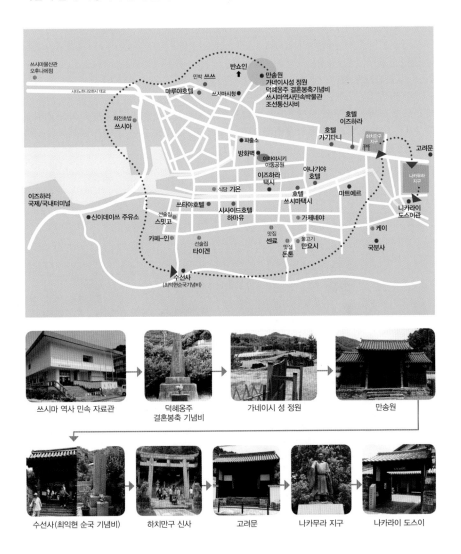

쓰시마 역사 민속 자료관

덕혜옹주
결혼봉축 기념비

가네이시 성 정원

만송원

수선사(최익현 순국 기념비)

하치만구 신사

고려문

나카무라 지구

나카라이 도스이

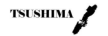

일반적인 대마도 1박 2일 여행일정

이즈하라 IN, 히타카츠 OUT

대마도를 가장 많이 여행하는 일정은 1박 2일이어서 일정에 대해 쉽고 일목요연하게 알아야 여행이 편하다. 1박 2일 대마도여행은 시간적으로 빡빡하여 시간대별로 구분지어 일목요연하게 확인하면 좋다. 이즈하라로 들어와서 히타카츠로 나가는 일정이 1박 2일 일정에서는 가장 이상적이다. 이즈하라에서 첫날에 천천히 즐기면서 자전거나 도보로 시내를 둘러보고 먹고 마실 수 있는 일정이다.

2일차에는 일찍 이즈하라를 나서서 히타카츠를 가면서 관광지를 둘러보는 것으로 자유여행이라면 버스투어나 렌트로 이동하는 방법이 있고, 패키지라면 자체 버스로 이동할 것이다. 히타카츠가 4시 30분에 탑승하기 때문에 이즈하라보다 1시간의 시간적인 여유가 더 있어서 히타카츠로 나가는 것이 오랜 시간을 대마도에서 여행할 수 있다.(패키지에서 제공하는 사항까지 포함시켰다)

▶1일차
부산 국제 여객 터미널 3층 집결 / 출국 수속 후 고속 페리 탑승
09시 10분 | 이즈하라 행 출발(오션플라워 / 2시간 10분소요)
11시 20~30분 | 이즈하라항 도착
11시 30분~12시 | 입국 수속(약 30~50분소요)
12시~13시 | 중식
13시~18시 | 이즈하라 시내 관광(쇼핑포함)
18시~20시 | 석식 후 숙소 이동, 방 배정 후 휴식

▶2일차
07시~08시 | 조식
08시~08시30분 | 집결, 인원 확인
08시 30분~12시 | 이즈하라 출발 → 만관교 → 히타카츠
　　　　　　　　(대마도 최초의 운하, 만관교, 만제키바시,
　　　　　　　　에보시타케 전망대, 와타즈미 신사
12시~13시 | 중식
13시~15시 | 히타카츠 관광(미우마 해수욕장, 니키사노유 온천, 한국 전망대), 면세점 쇼핑
15시~15시 40분 | 출국 수속
15시 40분~16시 50분 | 히타카츠 항 출항(1시간10분소요 / 오션 플라워)

히타카츠 IN, OUT

히타카츠의 페리 탑승권 가격이 이즈하라보다 저렴하기 때문에 페리의 노선도 이즈하라보다 많다. 하지만 히타카츠에 처음 오는 관광객은 어떻게 여행을 해야 할지 난감해한다. 너무 작은 마을의 규모에 놀라며 어디부터 여행을 시작해야 할지 모르겠다는 질문이 많다. 가장 먼저 미우다 해수욕장과 한국 전망대부터 여행을 시작하자. 히타카츠에서 빨리 출발해 이즈하라를 연결하는 382번 도로를 따라 여행하면 호타루노유 온천, 신사를 여행할 수 있고, 빨리 이즈하라로 이동하여 첫날에 이즈하라를 대부분 둘러봐야 2일차에 다시 히타카츠로 이동하는 데 시간이 지체되지 않는다.

2일차에 39번 도로를 따라 이동하면서 만관교, 만제키 전망대, 슈시 단풍길 등을 여행하면서 다시 히타카츠로 돌아와 페리를 타고 부산으로 돌아오면 된다. 이즈하라에서 히타카츠로 이동하는데 3시간 이상 소요되기 때문에 늦어도 12시 전에는 이즈하라에서 출발해야 페리가 부산으로 출발할 때 늦지 않는다. 2일차는 시간을 반드시 확인하고 여행을 시작해야 한다.

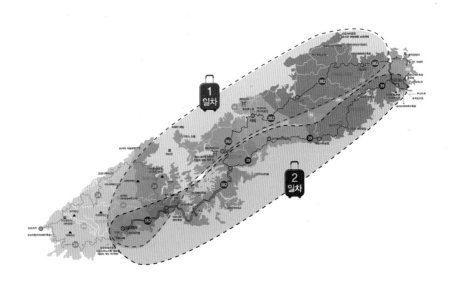

히타카츠 IN, 히타카츠 OUT

1박 2일로 히타카츠에서 여행을 시작하면 이즈하라의 구타나 쓰쓰 지역을 여행하기에 시간이 부족할 때가 많다. 그와 반대로 이즈하라에서 여행을 시작하면 이즈하라 시내와 구타, 쓰쓰 지역을 여행하는 시간이 1일차에 가능하지만 2일차에 히타카츠로 이동하면서 미쓰시마, 도요타마, 미네, 사스나 지방을 지나가야 하기 때문에 39번도로에 있는 슈시강 단풍길이나 긴의 장수 은행나무는 보기가 힘들다. 그러므로 여행의 시작점을 잘 확인하고 여행계획을 만들도록 하자.

▶1일차

이즈하라 항구 → 점심 식사 → 숙박 체크인 → 덕혜옹주 결혼봉축기념비 → 만송원 → 수선사 → 하치만구 신사 → 고려문 → 나카무라지구 → 국분사 → 구타 → 아유모도시 → 쓰쓰자키 → 티아라몰 → 호텔

▶2일차

만관교 → 만제키 전망대 → 와타즈미 신사 → 신화의 마을 자연공원 → 해신 신사 → 한국 전망대 → 미우다 해수욕장(나기사노유) → 히타카츠 항구

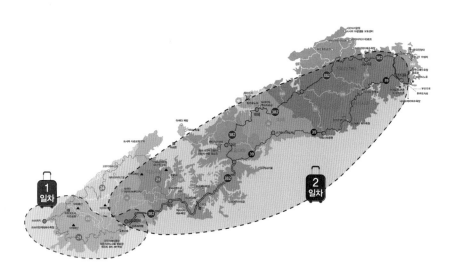

구석구석 2박 3일 대마도 일정

이즈하라 IN, 히타카츠 OUT

히타카츠와 이즈하라로 각각 인, 아웃하는 대마도 여행객이 많지만 휴식을 위한 여행이라면 이즈하라에 주로 머물며 작은 일본을 즐길 수 있다. 이즈하라를 구경하고 바닷가에서 캠핑이나 낚시 등 좋아하는 취미활동도 겸하는 시간을 가지면 좋다. 큰 비용 없이도 해외 캠핑을 경험하기에 대마도는 최적의 장소이다.

이즈하라를 중심으로 대마도 남쪽 지역을 1일차에, 중부지역의 미쓰시마와 미네지방을 2일차에 둘러보고 북쪽으로 이동하면서 3일차에 가미쓰시마지방의 히타카츠를 3일차에 보고 히타카츠 항구에서 부산으로 돌아오는 2박 3일 일정이 가장 동선이 효율적이다.

▶1일차
이즈하라/쓰시마 역사 민속 자료관 → 덕혜옹주 결혼봉축 기념비 → 가네이시 성 정원 → 만송원 → 수선사(최익현 순국 기념비) → 하치만구 신사 → 고려문 → 나카무라 지구 → 나카라이 도스이 → 자동차(40분) → 이즈하라 남부/쓰쓰자키 전망대 → 자동차(10분) → 아유모 도시공원

▶2일차
미쓰시마/이즈하라 → 자동차(30분) → 만관교 → 만제키 전망대 → 매림사 → 자동차(30분) → 도요타마(와타즈미 신사) → 자동차(15분) → 에보시타케 전망대 → 자동차(10~15분) → 유타리랜드 온천 → 자동차(20분) → 미네(해신 신사 → 호타루노유)

▶3일차
가미쓰시마(히타카츠 포함)
곤피라 신사 → 히타카츠 버스 정류장 → 점심 식사 → 미우다 해수욕장 → 니기사노유 온천 → 한국전망대 → 슈시 단풍길 → 긴의 장수은행나무

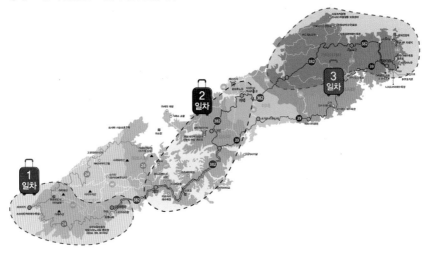

대마도 일주 자전거여행

대마도 전체를 다 둘러보는 코스(거리 약 420km / 소요일수 : 2~6일)

면적은 제주도의 60% 정도지만 리아스식 해안이 발달해 해안선 길이는 제주도보다 길다. 메인도로라 할 수 있는 382번과 39번, 24번 도로를 기준으로 대마도 섬 외곽을 도는 일주 코스이다.

▶1일차

히타카츠항 → 오우라 → 와니우라 → 토요 → 이즈미 → 미우다해변 → 도노사키 → 니시도마리 → 히타카츠항(24km)

▶2일차

히타카츠 → 슈시 → 킨 → 히토에 → 오시카 → 시타카 → 사카 → 야리카와 → 가야 → 구수보 → 게치 → 이즈하라(78km)

▶3일차

이즈하라 → 게치 → 미카타 → 아레 → 코모다 → 시이네 → 고쓰키 → 쓰쓰 → 아자모 → 구와 → 구타 → 이즈하라(88km)

▶4일차

이즈하라 → 게치 → 니이 → 우무기 → 사호 → 시타노우라 → 오쓰나 → 타 → 미네(61km)

▶5일차

미네 → 카리오 → 기사카 → 오우미 → 야나기 → 우나쓰라 → 구바라 → 시시미 → 니타 → 이누가우라 → 미소 → 고시타카 → 이나 → 시타루 → 니시사토 → 사스나 → 가와치 → 오우라 → 히타카츠(69km)

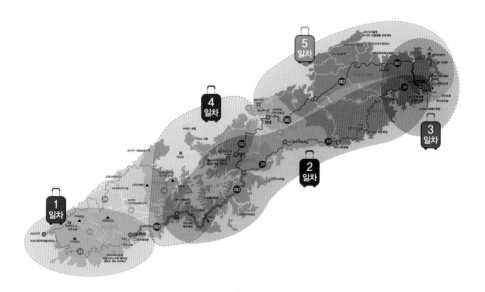

부산 여객터미널 이동하는 방법

서울에서 부산까지 가는 방법

1. KTX 이동
- 새벽 5시 10분 | 서울역 출발
- 아침 7시 30분 | 부산역 도착
- 7시 50분~8시 | 부산여객터미널도착(15~20분 소요)

2. 버스 이동
- 밤 12시 40분 / 1시 / 1시 20분 | 고속버스 서울 출발
- 새벽 5시 10분 / 5시 40분 / 6시 | 부산버스터미널 도착
- 40분 소요 | 노포역 출발~초량역 하차
- 15~20분 소요 | 부산여객터미널 이동

3. 단체버스로 이동

서울/경기/인천 → 부산 셔틀 운행 안내				
노선 1			노선 2	
시간	버스 탑승지		시간	버스 탑승지
22:20	부평역 5번 출구 앞		22:30	백석역 1번 출구 앞
23:00	영등포역 롯데백화점 앞		23:10	노원역 5번 출구 앞
23:25	사당역 11번 출구 앞		23:20	태릉역 3번 출구 앞
23:50	잠실역 3번 출구 앞		23:45	군자역 4번 출구 앞
00:20	죽전 간이 버스정류장		24:00	천호역 10번 출구 풍차앞
00:25	신갈 간이 버스정류장		24:20	가천대 간이 버스정류장

4. 부산 국제여객터미널 가는 방법
1) 부산역에서
국제여객터미널은 부산역에서 가장 가깝기 때문에 부산까지 KTX를 이용하는 것이 가장 좋다. 부산역에서 9번 출구로 나가면 된다.

사진제공 : 부산국제여객터미널

▶도보
① 9번 출입구로 나가서
② 왼쪽의 계단이나 오른쪽의 엘리베이터로 외부로 이동
③ 1층으로 내려가면 왼쪽의 보행자통로로 100m정도 직진
④ 횡단보도가 보이면 건너서 도보로 직진하면(부산항 국제 여객 터미널행 버스를 탑승)
⑤ 왼쪽의 인도를 따라 이동하면 오른쪽에 부산항 국제 여객터미널이 보인다.

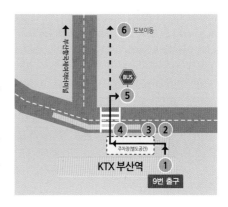

▶택시
여행의 짐이 많다면 택시를 타는 것이 좋다. 택시는 방향을 고려해 부산역 광장 건너편에서 타면 요금이 가장 적게 나온다. '부산항 국제여객터미널'이나 '일본의 대마도에 간다'라고 기사에게 이야기해야 다른 곳으로 가지 않는다. 기본요금 정도가 나오므로 인원이 3명만 되도 택시가 효율적이다.

▶순환버스
부산역 광장 남쪽에서 승차

2) 서울에서 고속버스를 타고 부산의 고속버스 터미널에서 내리면
부산 지하철 1호선 노포역에서 초량역까지 이동한다. 부산역에서 1정거장 떨어져 있는 '초량'역에서 내려 나가면 된다. 부산역이나 걷는 시간은 15분 정도로 비슷하다.

▶서부 시외버스 터미널
사상역에서 61번 버스를 타고 중앙동역을 거쳐 부산 국제여객터미널로 이동한다.

▶김해공항
201번 좌석버스를 타고 서면역을 가서 부산역까지 지하철로 갈아타고 간다.

여행 중 물건을 도난당했을 때 대처 요령

처음 해외여행에서 현금이나 카메라 등을 잃어버리면 당황스러워진다. 물건을 잃어버리면 여행을 마치고 집에 가고 싶은 생각이 굴뚝같아진다. 하지만 대마도여행을 마치고 돌아오기는 쉽지 않고 시간이 지나면 기분도 다시 좋아진다. 그래서 해외여행에서 반드시 필요한 것이 여행자 보험에 가입하는 것이다. 해외에서 도난 시 어떻게 해야 할까?를 안다면 남은 여행을 잘 마무리하고 즐겁게 돌아올 수 있다.

해외여행에서 잃어버린 나라는 주로 유럽이 많다. 일본은 도난 사고는 많지 않고 대마도는 더더욱 물건의 도난 사고는 별로 없다. 물건을 잃어버린 것을 안다면 근처에 가장 가까운 경찰서를 찾아야 한다. 경찰서에 가서 '폴리스리포트'를 써야 한다. 폴리스리포트에는 이름과 여권번호를 적기위해 여권을 제시하라고 하며 물품을 도난당한 시간과 장소, 사고이유, 도난 품목과 가격 등을 자세히 기입하게 되어 있어 시간이 1시간 이상은 소요가 된다. 처음에는 나만 잃어버린 거 같아 창피해 하는 경우도 있지만 해결하는 것이 더 급선무이니 빠르게 해결하도록 하자.

폴리스리포트를 쓸 때 가장 조심해야하는 사항 은 도난인지 단순 분실인지를 물어보게 된다. 대부분은 도난이기 때문 에 'stolen'이라는 단어를 경찰관에게 알려줘야 한다. 단순분실은 본인의 과실이라서 여행자보험을 가입해도 보상받지 못한다.

여행을 끝내고 돌아와서는 보험회사에 전화를 걸어 도난 상황을 이야기하고 폴리 스리포트와 해당 보험사 보험료 청구서, 휴대품신청서, 통장사본과 여권을 보낸다.

도난당한 물품의 구매 수증이 있다면 조금 더 보상받는 데 도움이 되지만 없어도 상관은 없다. 보상금액은 여행자보험에 가입할 당시의 최고금액이 결정되어 있어 그 금액이상은 보상이 어렵다. 보통 최고 50만 원까지 보상받는 보험에 가입하는 것이 일반적이다. 보험회사 심사과에서 보상이 결정되면 보험사에서 전화로 알려준다. 여행자보험의 최대 보상 한도는 보험의 가입금액에 따라 다르지만 휴대품 도난은 한 개 품목당 최대 20만원까지 전체금액은 80만원까지 배상이 가능하다. 여러 보험사에 서 여행자보험을 가입해도 보상은 같다. 그러니 중복 가입하지 말자.

여행자보험을 잘 활용하면 도난당한 휴대품에 대해 일부라도 배상받을 수 있어 유용하지만 최근 이를 악용하는 여행자들이 많아지고 있다고 하니 절대 악용하지 말자. 보험사는 청구 서류에 대한 꼼꼼히 조사한다고 한다. 허위 신고하여 발각되면 법적인 책임을 질 수 있으니 명심하고 자신을 다시 돌아보는 해외여행까지 가서 자신을 버리는 허위신고는 하지 말자.

대마도여행 중 여권 분실 시 해결방법

여행은 즐거움의 연속이기도 하지만 여권을 잃어버려 당황하는 경우도 많이 있다. 대마도

에 절도사건은 거의 없다. 가방 도난이나 여권 분실 같은 어려움에 봉착하면 여행의 즐거움이 다 없어지는 것처럼 집에 가고 싶은 생각만 나기도 한다. 그래서 미리 조심해야 하지만 방심한 그때 바로 지갑, 가방, 카메라 등이 없어지기도 하고 최악의 경우에는 여권도 없어지는 경우도 생긴다.

여행기간 중에 봉착하는 어려움에 당황하지 않고, 그에 대한 대처를 잘하면, 여행이 중단되지 않고 무사히 한국까지 돌아와서 여행 때 있었던 일을 웃으면서 나중에 무용담으로 이야기할 수 있는 순간을 만드는 게 중요한 거 같다. 너무 크게 생각하지 말고 대비방법을 알아보자. 앞서 말한 바와 같이 여권은 외국에서 신분을 증명하는 신분증이다. 그래서 여권을 분실을 하면 부산으로 이동을 할 수도 없기 때문에 페리를 탈 수도 없다. 잃어버렸다고 당황하지 말고, 해결방법을 알아 여권을 다시 재발급 받으면 된다. 일단 여행준비물 중에 분실을 대비해서 여권복사본과 여권용 사진 2장을 준비해야 해 놓자. 최소한 여권을 카메라나 스마트폰의 카메라로 찍어 놓으면 여권번호, 발행날짜 등 메모를 할 필요가 없어 유용하다. 우선 여권을 분실 했을 때에는 가까운 경찰서로 가서 폴리스 리포트Police Report를 발급받은 후에 대사관에서 여권을 재발급 받으면 된다. 하지만 대마도에는 대사관은 없고 영사콜센터가 있기 때문에 전화로 해결해야 한다.

대마도는 대사관이 없기 때문에 늘어나는 한국인 관광객에 대비해 긴급한 상황에 놓여있는 국민들에게 도움을 주려고 24시간 연중무휴 상담서비스를 운영하고 있다. 대마도 여행 중 안전관련 사항이나 여권분실, 도난 같은 사건 사고에 대비해 이용할 수 있다. 대마도 입국과 동시에 자동으로 수신되는 영사콜센터 안내 문자를 보고 통화버튼을 눌러도 된다.

예) +82-2-3210-0404 (유료 / +는 0을 꾹 누르고 있으면 +로 바뀐다)
　　010-800-2100-0404/1304(무료)
　　00531-82-0440

여권 발급 원칙

대사관에 가면 사진과 폴리스리포트를 제시하고 여권사본을 보여주면 만들어주는데 보통 1~2일정도 걸린다. 다음날 다른 나라로 이동해야 하면 계속 부탁해서 여권을 받아야 한다. 절실함을 보여 주시고 화내지 말고 이야기하면 해결해 주려고 노력한다. 보통 여권을 분실하면 화부터 내고 어떻게 하냐는 푸념을 하는데 그런다고 해결이 되지 않는다.

마지막으로 팁이 있다. 여권을 신청하실 때 신청서와 제출 서류를 꼭 확인한다. 여권을 재발급 받는 분들은 다들 절박한 사람들이다. 여권이 재발급되는 기간은 요즘음 많이 빨라지고 있어 하루 정도 소요가 되며 주말이 끼어 있는 경우는 더 많은 시간이 소요된다.

여권재발급 순서

1. 영사콜센터 전화하기
2. 경찰서가서 폴리스 리포트 쓰기
3. 기다리며 여권 신청 제출확인하고 신청하기

> 대마도에는 대사관이 없어 분실 시 후쿠오카의 대사관으로 이동해 재발급을 받아야 한다. 후쿠오카까지의 선박, 항공권 비용과 여권이 나올 때까지의 숙박, 식사 비용이 소요 되므로 여권은 항상 주의 깊게 보관해야 한다.

여행 준비물

1. 여권
여권은 반드시 필요한 준비물이다. 의외로 여권을 놓치고 당황하는 여행자도 있으니 주의하자. 유효기간이 6개월 미만이면 미리 갱신하여야 문제가 발생하지 않는다.

2. 환전
지폐 1,000¥ 위주의 현금으로 준비하는 것이 가장 효율적이다. 예전에는 은행에 잘 아는 누군가에게 부탁해 환전을 하면 환전수수료가 저렴하다고 했지만 요즈음은 인터넷 상에 '환전우대권'이 많으므로 이것을 이용해 환전수수료를 줄여 환전하면 된다.

3. 여행자보험
물건을 도난당하거나 잃어버리든지 몸이 아플 때 보상 받을 수 있는 방법은 여행자보험에 가입해 활용하는 것이다. 아플 때는 병원에서 치료를 받고 나서 의사의 진단서와 약을 구입한 영수증을 챙겨서 돌아와 보상을 받을 수 있다. 도난이나 타인의 물품을 파손 시킨 경우에는 경찰서에 가서 신고를 하고 '폴리스리포트'를 받아와 귀국 후에 보험회사에 절차를 밟아 청구하면 된다. 보험은 인터넷으로 가입하면 1만원 내외의 비용으로 가입이 가능하며 자세한 보상 절차는 보험사의 약관에 나와 있다.

4. 여행 짐 싸기
짧은 일정으로 다녀오는 대마도 여행은 간편하게 싸야 여행에서 고생을 하지 않는다. 돌아올 때는 면세점에서 구입한 물건이 생겨 짐이 늘어나므로 가방의 60~70%만 채워가는 것이 좋다. 히타카츠와 이즈하라로 이동을 하기 때문에 필수 여행준비물만 챙겨가야 편하다. 주요물품은 가이드북, 카메라(충전기), 세면도구(숙소에 비치되어 있지만 일부 숙박시설에는 없는 경우도 있음), 수건(온천을 이용할 때는 큰 비치용이 좋음), 속옷, 상하의 1벌, 멀티탭(110V이므로 반드시 필요), 우산, 신발(운동화가 좋음)

5. 준비물 체크리스트

가이드북		크로스백/백팩		신발	
환전한 현금		우비(등산 예정)		멀티탭	
수건(1~2개)		카메라(충전기 포함)		등산화(등산 예정)	
모자		상/하의 1~3벌			
우산		세면도구			
손톱깍기		속옷/ 양말			

대마도 동/식물

동물

대마도 야마네코

쓰시마에서만 서식하는 야생 고양이로, 약 10만 년 전 대륙에서 건너온 뱅골 살쾡이의 변종으로 여겨지고 있다. 국가 천연 기념물로 지정되어 있으며 멸종위기에 놓여있는 귀중한 동물이다. 쓰시마 야생생물 보호센터에서 쓰시마 야마네코를 사육하고 있으므로 미간의 세로무늬, 귀 뒤쪽의 흰 반점과 같은 독특한 특징을 가까이에서 관찰할 수 있다.

출처 : 두산백과

담비

본토 담비의 고유종으로 대마도에만 서식하며 국가 천연기념물로 지정되어 있다. 여름에는 흑갈색이며 겨울에는 머리 쪽 털이 하얗게 변하여 흰 모자를 썼다는 뜻의 '와타보시카부리'라는 애칭으로 불린다.

사슴

대마도에 서식하는 일본 사슴의 아종이며, 보통의 사슴과 비교하면 무늬의 일부가 진한 것이 특징이다. 섬 전체에 분포하고 있다.

청호반새

크기는 약 30㎝로 크고 붉은 부리가 특징이다. 대륙에서 번식하여 겨울철에 동남아시아로 이동하며 쓰시마에서는 5월에 관찰할 수 있다. 일본에 날아오는 것은 드문 일이므로 전국에서 야생조류 애호가들이 모여든다.

출처 : 두산백과

재두루미

2~3월경, 겨울을 난 재두루미가 북쪽으로 돌아가는 도중에 대마도로 날아든 모습을 볼 수 있다. 때로는 1천 마리 이상 무리를 짓는 일도 있다. 대마도는 새에게 있어서도 대륙과의 중요한 중계지점에 있다.

식물

이팝나무(히토쓰바타고)

출처 : 동아백과

일명 '난자몬자'로도 불리며 대마도의 시의 나무이다. 가미쓰시마마치 와니우라는 일본 최대의 군락지이며, 국가 천연기념물로도 지정되어 있다. 5월 초순에 약

출처 : 네이버

3천 그루의 나무에서 하얀 꽃이 만발한다.

층꽃풀

9~10월에 보라색 꽃을 피우며, 대마도를 대표하는 꽃이다. 길가 언덕 등 햇볕이 잘 드는 곳에 자생한다. 잎 모양이 국화와 닮았고 밑에서부터 층층이 꽃이 피기 때문에 단기쿠(段)라는 이름이 붙었다.

TSUSHIMA

대마도

대마도 IN

페리

부산항 국제여객터미널과 대마도 히타카츠 항, 이즈하라 항을 연결하는 쾌속선이 매일 운항된다. 히타카츠까지는 1시간 10분, 이즈하라까지는 2시간 10분 정도 소요된다. 다수의 페리회사가 부산–대마도 노선을 하루에도 수차례 운항하기 때문에 아침에 출발해 저녁에 돌아오는 당일치기 여행도 가능하다. 모든 여객선이 8~9시에 출발하기 때문에 여객터미널로 서둘러 가야 한다.

비행기만큼 빠른 고속선. 제트포일선(바다 위에 살짝 떠서 간다. 항공업체인 보잉사 제작) 코비나 비틀을 탑승한다. 부산국제여객터미널에서 아침 8시10분과 9시 10분, 9시 30분에 대마도 히타카츠항과 이즈하라항으로 향하는 여객선이 매일 출발한다. 소요 시간은 하타가츠항까지 1시간 10분, 이즈하라항까지는 2시간 10분이다.

페리의 종류

오션플라워 2호(대아고속해운)

승객 825명까지 태울 수 있는 4천114t급 쌍동형 선박으로 악조건 속에서도 안정으로 운항할 수 있다. 토요일과 일요일 주 2회 운항하며 오전(토요일 오전 9시 10분, 일요일 8시 30분)에 부산에서 출발하고 오후 3시 30분에는 대마도 이즈하라, 히타카츠에서 출항해 부산으로 돌아온다. 부산에서 히타카츠항까지 1시간 30분, 이즈하라 항까지 2시간 30분이 걸린다.

니나호

고속 여객선 니나호. 쌍동선인 이 배에는 최대 430명의 승객이 탈 수 있다. 2개의 선체를 연결한 쌍동선(카타마란)으로 기존 제트엔진 쾌속선보다 안정성이 높다고 설명이 나왔지만 파도에 따라 배의 흔들림이 상대적으로 심해 니나호는 미리 멀미약을 먹고 탑승하는 것이 좋다.

코비(KOBEE)

코비(KOBEE)의 운영주체는 미래고속(주)이며 비틀(BEETLE)의 운영주체는 JR큐슈 고속선 주식회사라는 점이 다를 뿐 Allison 501/KF, 가스터빈 2개로 구동이 되며 200~223석의 좌석이 있어 대동소이하며 깔끔하다. 코비와 비틀은 외형도 흡사할 뿐 아니라 시간 당 약 83㎞의 속도로 바다 위를 나는 듯 달리는 수중익선이라는 점도 같아 2m 이하의 파도에선 거의 영향을 받지 않으며 2m 이상의 높은 파도에서도 영향을 최소화하므로 안정감이 느껴진다.

출국장과 고속 페리는 어떤 모습일까?

우리나라 관광객들은 세월호의 사고 때문에 페리를 탈 때 배를 이리저리 돌아다니며 확인하는 경우가 있다. 대마도는 반드시 페리를 타고 이동해야 한다. 배의 시설이 좋고 안전하다고 하지만 내부를 미리 본다면 안심이 될 수 있다.

작년만 해도 현장에서 구입하여 탑승이 가능하지만 올해는 미리 인터넷 예약을 해야 탑승이 가능할 것이다. 예약은 소셜 커머스나 홈페이지를 통해 예약할 수 있다. 그렇다면 페리가 어떤 모습일지 한번 알아보자.

먼저 출국심사가 끝나면 직진하여 출발 탑승구를 확인한다. 인터넷 면세점에서 물품을 구입했다면 빠르게 물품을 수령하는 것이 좋다. 인원이 많으면 그만큼 시간이 오래 걸리는데 출발시간이 임박해 물품을 수령하지 못하고 탑승할 수도 있다.

자신의 표를 확인하여 페리를 탑승하면
된다.
탑승구 앞에 반입금지물품에 대해 나와
있으니 미리 확인하면 일본에 입국할 때
불필요한 문제를 미리 확인할 수 있다.
오른쪽으로 난 에스컬레이터를 내려가
대마도행이라는 표시를 보고 배로 이동
하면 직원들이 확인을 해준다.

페리로 입장하면 1, 2층이 있으니 자신의
자리를 확인해야 한다. 직원들이 티켓을
확인하고 확인 후 자신의 자리로 이동하
면 된다. 페리의 탑승이 출발 20~30분 전
에 이루어지기 때문에 자신의 자리에 앉
으면 바로 출발할 시간이 된다. 멀미를 안
하려면 2층보다는 1층이 좋다.

중간에는 먹거리를 사거나 커피를 사먹
을 수 있는 매점이 뒤에 있어서 간단한
커피, 콜라, 등을 판매한다. 바깥으로 나
가면 배가 출발하는 장면을 볼 수 있고
위로 올라가면 더 높은 곳에서 바다를 감
상할 수 있다. 어느 공간이나 좌석이 비치
되어 자신이 원하는 자리에 앉으면 된다.

페리가 출발하면 비행기처럼 화면에서
안전교육을 실시한다. 안전교육을 실시하
면 예전에는 그냥 보지도 않았지만 요즈
음은 한번은 확인하는 승객이 늘어났다
는 점이 인상적이다.

입국심사

배에서 내려 향한 곳은 입국 심사장에서 비로소 외국이라는 생각이 든다. 히타카츠 항구는 관광객은 많은데 입국 심사장은 불과 3개인 관계로 입국심사는 빠르게 내리면 20~30분, 늦으면 1시간 30분까지 소요된다. 이즈하라는 상대적으로 입국심사에 여유가 있다.

입국심사 절차
1. 입국 심사관에게 여권, 입국카드 등을 제출한다.
2. 입국 심사관의 안내를 받은 다음, 양손 집게손가락을 지문 인식기기 위에 올려놓고 얼굴은 지문 인식기기 윗부분에 있는 카메라로 얼굴 사진을 촬영한다. 지문 정보를 전자적으로 인식하며 얼굴사진 촬영과 집게손가락의 지문 인식은 동시에 이루어지기 때문에 앞 사람이 어떻게 하는지 보고 사전에 준

비하도록 한다. 이때 여권지갑에서 여권은 빼 놓는 것이 좋다.
3. 입국심사관과 인터뷰를 한다. 대부분은 인터뷰 없이 지나간다.
4. 입국심사관이 여권을 주면 심사가 끝이 난다.

外国人入国記録 DISEMBARKATION CARD FOR FOREIGNER 외국인 입국기록 [ARRIVAL]

英語又は日本語で記載して下さい. Enter information in either English or Japanese. 영어 또는 일본어로 기재해 주십시오.

氏 名 Name 이름	Family Name 영문 성 성			Given Names 영문 이름 이름		
生年月日 Date of Birth 생년월일	Day 日 Month 月 Year 년 D D M M Y Y Y Y		現 住 所 Home Address 현 주 소	国名 Country name 나라명 KOREA		都市名 City name 도시명 SEOUL
渡航目的 Purpose of visit 도항 목적 (해당항목 체크)	☐ 観光 Tourism 관광 ☐ 商用 Business 상용 ☐ 親族訪問 Visiting relatives 친척 방문 ☐ その他 (Others 기타			航空機便名・船名 Last flight No./Vessel 도착 항공기 편명・선명	항공편 명	
				日本滞在予定期間 Intended length of stay in Japan 일본 체류예정 기간	일본 체류 기간	
日本の連絡先 Intended address in Japan 일본의 연락처	일본 체류 주소			TEL 전화번호	일본 연락처	
(해당항목 체크)	1. 日本での退去強制歴・上陸拒否歴の有無 Any history of receiving a deportation order or refusal of entry into Japan 일본에서의 강제퇴거 이력・상륙거부 이력 유무				☐ はい Yes 예 ☐ いいえ No 아니오	
	2. 有罪判決の有無（日本での判決に限らない） Any history of being convicted of a crime (not only in Japan) 유죄판결의 유무 (일본 내외의 모든 판결)				☐ はい Yes 예 ☐ いいえ No 아니오	
	3. 規制薬物・銃砲・刀剣類・火薬類の所持 Possession of controlled substances, guns, bladed weapons, or gunpowder 규제약물・총포・도검류・화약류의 소지				☐ はい Yes 예 ☐ いいえ No 아니오	

以上の記載内容は事実と相違ありません。I hereby declare that the statement given above is true and accurate. 이상의 기재 내용은 사실과 틀림 없습니다.
署名 Signature 서명 **서명**

대마도 여행 교통수단

버스 / 버스투어

대마도 주민들이 들으면 기분 나쁠지 모르겠지만, 대마도는 한국 관광객들이 먹여 살린다고 해도 과언이 아니다. 왜냐하면 대마도를 찾는 관광객의 95%가 한국인이기 때문이다. 대마도 관광은 1박 2일 버스관광이 대부분이며, 길어야 2박 3일이다.

버스관광의 장점은 힘들이지 않고 편안하게 주요 관광지를 빠르게 돌아 볼 수 있다는데 있다. 그러나 힘을 들이지 않으면 그만큼 여행의 감흥과 성취감도 떨어지기 마련이다. 또 자동차의 속도는 주마간산의 여정이기 십상이다.

자전거여행

부산에서 자전거를 직접 가지고 대마도에서 자전거여행을 하는 여행자는 의외로 많다.

대마도는 전체 도로의 길이가 420㎞정도

이므로 5일 간 70~80㎞를 달리는 것이 가장 적당하다. 2박 3일 일정은 거리가 더 늘어나므로 고개가 많아 체력적으로 꽤 힘들다. 볼거리도 많아서 시간도 많이 걸린다. 시간적, 체력적으로 여유를 갖지 않으면 대마도는 본모습을 잘 볼 수 없다.

울창한 산림이 대마도 면적의 90%를 차지하고 터널이 많아서 라이트는 꼭 지참해야 사고를 막을 수 있다. 일본에서 자전거여행을 하려면 가장 조심해야 하는 사항이 도로의 진행방향이 대한민국과 반대라는 것이다. 대마도는 도로 폭이 좁고

언덕과 커브길이 많으며, 특히 급커브 내리막에서는 절대 감속해야 한다. 주행 시에는 충분히 주의하고 혹시 일어날 사고에 대비해서 여행자보험에 가입하는 것이 좋다.

자전거여행을 하려면 무조건 배낭의 무게를 가볍게 해야 한다. 단체로 자전거여행을 하면서 도로에서 무질서하게 자전거를 타고 있으면 눈살을 찌푸리는 현지인들도 생겨나고 있으니 반드시 일렬로 자전거를 타고 무단횡단을 삼가야 한다. 대마도는 산림이 많은 언덕 지형이라 자전거 여행에서 체력소모가 크기 때문에 충분한 물과 먹거리를 준비해야 한다.

쓰시마 공항에서 렌트카를 빌릴 수 있다. 렌트카를 예약하는 가장 편리한 방법은 소셜 커머스에서 예약하는 것이다. 한글로 빌리기 편하게 설명까지 나와 있어 큰 문제가 없다.

대마도 렌트

대마도를 처음 여행할 때는 대부분 패키지나 현지의 버스투어를 이용하지만 2~3번 여행하면서부터 렌트카를 이용하는 경우가 많다. 이즈하라, 히타카츠, 미

렌트카를 이용하려면 히타카츠나 이즈하라항을 한 곳만 이용해야 한다. 왜냐하면 렌트카의 인수와 반납이 같은 장소에서 이루어지기 때문이다. 렌트카를 반납하는 시간을 철저하게 지켜야 한다. 무심코 넘기거나 렌트카 반납시간이 임박했다면 미리 해당 렌트카에 전화를 걸어 이야기하고 추가 시간에 대한 비용만 납부하면 다른 문제가 발생하지 않는다.

운전 주의사항

자동차 주행이 대한민국과 반대 방향이라서 운전할 때 조심해야 한다. 대마도에서 운전 시 한국인에게 가장 어려운 운전 상황의 하나이다. 왼손으로 기어 변속을 하는 점도 처음에는 부담스럽지만 금방 익숙하게 된다. 그래서 정지가 나오면 일단 정지하고 나서 이동하는 방향을 정확하게 확인하고 이동하는 습관을 기르는 것이 좋다.

자동차 여행의 장점

1. 시골과 같은 작은 마을 곳곳으로 여행이 가능하다.
대마도를 2번 이상 다녀오는 여행자가 늘어나고 있다. 대마도여행의 경험이 있는 여행자는 이즈하라와 히타카츠를 떠나 대마도의 작고 아기자기한 섬을 여행하고 싶지만 버스투어로 이동하는 것은 쉽지 않다. 자동차로는 마음대로 이동할 수 있어서 효율적인 대마도여행을 할 수 있는 장점이 있다.

2. 원하는 만큼 이동하고 볼 수 있다.
기차로 여행을 하다보면 창밖의 풍경이 너무 아름다워 멈추고 싶은 생각이 굴뚝 같지만 버스는 내 마음대로 멈출 수 없다. 자동차로 여행을 한다면 원하는 대로 멈추고 보고 또 이동할 수 있으며 배가 고프다면 근처의 레스토랑에서 먹을 수도 있다. 원하는 대로 여행이 가능하기 때문에 자동차 여행은 2번 이상 대마도를 경험한 여행자가 주로 찾는 여행방법이다.

대마도 자동차 여행의 단점
1. 운전하는 피로감이 증대된다.
2. 자동차 사고에 대한 부담이 존재한다.
3. 주차를 못한다면 부담이 된다.
4. 대마도는 길의 폭이 좁아서 트럭 같은 큰 차가 앞에서 올 때는 한쪽으로 붙여서 정지시키면 큰 차가 먼저 지나가고 이동하면 사고를 막을 수 있다.

자동차 여행의 Q & A

Q. 히타카츠, 이즈하라를 이동하는 대중교통의 비용을 줄일 수 있다?
A. 저렴한 버스를 이용하는 방법이 있지만 시간이 효율적이지 않아 대마도여행의 기간이 짧은 대한민국 여행자에게 버스는 불편하다. 이럴 때 자동차로 이동하는 렌트카 비용은 상당히 매력적이다. 하지만 대마도에서는 렌트카를 이용하는 비용이나 버스투어의 비용이나 큰 차이가 나지 않는다.

Q. 정체가 심해 오히려 이동하는 시간이 더 소요되지 않을까?
A. 대한민국에서 운전을 하는 상황을 생각해보면 교통 정체가 심각하고 차량의 끼어들기 또한 많고 차량운전자끼리 욕

설도 있다. 그러므로 대마도여행에 가서 까지 이런 상황을 맞이하는 것이 싫다는 여행자가 많다. 하지만 대마도는 교통정체가 거의 없으며 도로표지판과 이정표가 워낙 잘 되어 있어 불편함은 상대적으로 작다.

Q. 아침부터 저녁까지 계속되는 운전을 강행할 수 있을까?

A. 운전하는 상황이 힘든 것은 사실이지만 눈앞에 펼쳐지는 아름다운 풍경들로 인해 힘든 것보다 더 큰 즐거움과 성취감도 높다. 그리고 시간이 지나면 운전이 상당히 쉽게 적응이 된다.

같이 운전할 수 있는 다른 여행자가 있다면 운전으로 인한 피로감을 상당히 줄일 수 있다.

Q. 일본에서 대한민국과 운전의 방향이 반대라 위험하지 않을까?

A. 운전대의 방향이 반대이지만 정지선에서 잘 멈추기만 한다면 사고가 날 확률도 적고 이즈하라를 제외하면 도시의 시내가 없기 때문에 경험해보면 운전이 어렵지 않다는 사실을 알게 된다.

Q. 렌트카를 빌리는 비용이 비싸지 않을까?

A. 렌트카의 비용은 비싸지 않다. 4명이 여행을 한다면 렌트카 여행이 버스투어보다 더 저렴하다. 여행의 기간이 늘어날수록 렌트카 대여비용은 더욱 저렴해진다.

Q. 기름 값이 비싸서 비용의 감당이 어렵지 않을까?

A. 일본의 기름 값이 저렴하지는 않지만 대한민국과 비교해 비싼 편은 아니다. 그런데 히타카츠에서 이즈하라를 왕복하고 돌아와도 주유를 하는 경우는 렌트카를 반납하기 위해 렌트카 사무실 앞에서 주유하는 경우를 제외하고는 없다. 주행거리가 짧아서 기름값은 3~4만 원 정도 된다.

Q. 자동차로 이동하기 때문에 상세한 여행이 가능하지 않나요?

A. 정확한 여행 계획을 만든다고 하지만 처음에 자신의 운전방법을 고려하지 않았기 때문에 어디에서 숙박하는 등의 정확한 계획은 지켜지지 않는다. 기간을 정해 대략적인 여행 일정을 정해야 여행 일정의 조정이 가능하다.

네비게이션

네비게이션은 한글지원이 가능하기 때문에 대마도에서 네비게이션 사용이 어렵지 않다. 한글이 지원이 안 되는 네비게이션이라도 전화번호와 맵코드를 이용하면 쉽게 목적지를 찾아갈 수 있다.

대한민국과 다른 일본 맵코드MAP CODE

1. 일본이 대한민국과 네비게이션 사용방법이 다른 점은 맵코드MAPPLE CODE를 사용한다는 점이다. 맵코드를 사용해 차량이 이동하는 위치를 찾기 편하도록 만든 것인데 정확한 위치가 아니고 목적지 근처라서 목적지에 거의 도착해 헤매는 경우가 종종 있다.
2. 주행 중에는 네비게이션은 사용할 수 없다.

사용방법

1. 전원을 켜면 'HOME'의 시작화면이 나오고 좌측부터 소스변경, AV, 현재위치, 목적지 검색이 보인다.

2. 목적지 검색을 선택하면, 위치를 찾는 여러 방법이 나온다.

▶명칭
관광지나 숙소의 명칭으로 찾는 방법이지만 정확한 숙박업소의 이름도 모르는 경우가 많아서 많이 사용하지 않는 방법이다.

▶주소
주소를 알면 정확한 위치를 알 수 있지만 일본어로 입력을 해야 하기 때문에 일본어를 쓸 수 있는 여행자가 사용할 수 있다.

▶번호
정확한 목적지의 위치를 찾으려면 전화번호를 입력하면 된다.

▶MAP Code
일본어를 몰라도 네비게이션을 쉽게 사용할 수 있어 편리하다. 미리 해시태그 대마도에 나와 있는 맵코드를 보고 편리하게 사용하자.

맵코드(MAP CODE)

일본의 덴소(DENSO)사가 개발한 시스템으로 주소나 전화번호가 없을 때 장소를 찾는 방법으로 효율적이다. 지구의 위도와 경도를 숫자로 표준화하여 코드, 이름이나 전화번호가 없는 자연지명이나 특정한 장소를 찾아가도록 만들어놓은 번호시스템이다. 현재 일본에서 발매된 모든 네비게이션에는 맵코드를 지원하고 있다.

3. 맵코드의 번호를 확인하여 입력한다.
4. 지도를 보면서 목적지로 Go Go!! 한글
   음성이 가능한 네비게이션이면 더욱
   편리하게 운전할 수 있다.

대마도 도로상황

대마도의 도로는 일부 비포장도로와 폭
이 좁은 도로를 제외하면 운전하기가 편
하다. 대마도는 고속도로가 없고 해안을
따라 히타카츠를 동그랗게 도는 182번도
로, 이즈하라를 돌아오는 24번 도로와 대
마도를 둘러싸고 있는 도로와 이즈하라
와 히타카츠를 연결하는 주요도로인 382
번도로, 39번 도로가 있다.

왕복 2차선도로로 시속 90㎞정도의 속도
를 낼 수 있다. 대한민국과 운전대의 방향
이 다른 상태에서 운전을 하기 때문에 속
도를 높여서 운전할 일은 별로 없다. 대마
도에는 일부 오프로드가 있고 그 오프로
드는 운전을 피하는 것이 사고를 막는 방
법이다.

도로운전 주의사항

렌트카로 여행할 때 걱정이 되는 것은 도
로에서 "사고가 나면 어떡하지?"하는 것
이 가장 많다. 지금, 그 생각을 하고 있다
면 걱정일 뿐이다.

대마도의 도로는 이즈하라를 빼면 차량
의 이동이 많지 않고 제한속도가 90㎞로
우리나라의 100㎞보다 느리기 때문에 운
전 걱정은 하지 않아도 된다. 도로에 차가
많지 않아 운전을 할 때 차량을 보면 오
히려 반가울 때도 있다.
운전을 하면서 단속 카메라도 신경을 써
야 할 것 같고, 막히면 다른 길로 가거나
내 차를 추월하여 가는 차들이 많아서 차
선을 변경할 때도 신경을 써야 할 거 같
지만 단속카메라도 거의 없고 과속을 하
는 차량도 별로 없다.
처음 운전을 하면서 가장 많이 하는 실수
는 우리나라와 반대로 방향등과 조명 레
버가 오른쪽에 와이퍼 조절은 왼쪽에 있
다. 그래서 대부분 습관적으로 깜박이를
넣으면 와이퍼가 움직이게 된다. 도로의
폭이 좁아서 정면에서 트럭이나 큰 차량
이 오면 옆으로 붙여서 정지하고 큰 차량
이 이동하고 나서 출발하면 사고가 나지
않는다. 대부분의 사고는 3가지 경우이다.

1. 일본에서는 정지선이 나오고 빨간색 신호등이라면 무조건 정차해야 한다. 우리나라는 우회전하는 경우에 멈추지 않고 운전을 하여 지나가지만 일본에서는 '무조건 정차'라는 사실을 인지해야 사고가 나지 않는다.

2. 우리나라와 반대로 자동차는 좌측 통행인 것이다. 좌측 운전이라는 것은 인지하고 있어 문제가 없지만 주차장에서 나

올 때 차량에 시동을 걸고 주차장을 나올 때 반대인 것을 깜박하고 사고를 내는 경우가 많다.

주유소 이용하기

주유소는 대마도 전체에 균일하게 분포되어 있으므로 운행 중에 쉽게 이용이 가능하다. 대마도에 많이 있는 주유소는 'ENEOS'이다. 요금은 리터당 180엔 정도로 우리나라와 비슷하다. 렌트카를 반납할 때는 렌트카반납 전에 주유소에서 차량의 기름을 가득 채워 반납하는 것이 이익이다.

사고 발생 시 대처방법

사고가 발생하면 차량만 파손이 된 것인지, 사람까지 다쳤는지를 확인해야 한다. 차량만 파손이 되었으면 렌트카 사무실로 연락하여 대처요령을 받는 것이 편리하다. 렌트카를 대여해주는 영업소에는

대부분 한국어 사용이 가능한 직원이 있다. 만약 큰 사고라면 반드시 경찰에 신고를 해야 한다.

렌트카 차량 받는 방법
1. 렌트카 사무실에 도착하여 예약확인서, 국제 운전면허증, 여권을 제시한다.
2. 렌트카 사무실에서 복사를 하고 차량에 대한 설명을 듣고 보험에 대한 설명까지 꼼꼼히 듣고 체크하고 요금을 지불한다.
3. 차량으로 이동하여 직원과 함께 차량 상태를 체크하는데 차량의 내, 외부를 자세히 확인해야 한다.
4. 네비게이션 사용방법까지 알려주므로 자세히 설명을 듣는다.
5. 이제 출발~~~

렌트카 차종 선택
대마도는 평균 속도가 느리고 좁은 도로

가 많아 경차를 선택하는 것이 좋다. 일본은 경제성이 뛰어난 경차를 더 선호하므로 렌트를 한다고 중형차를 선택하는 것은 좋은 선택이 아니다.

일본의 렌트카 상식 '**わ**'

대한민국의 렌트카 앞에는 허1988처럼 번호 앞에 '허'가 붙지만 일본의 렌트카는 번호 앞에 わ(와)가 붙는다.

대마도 주요관광지 맵코드

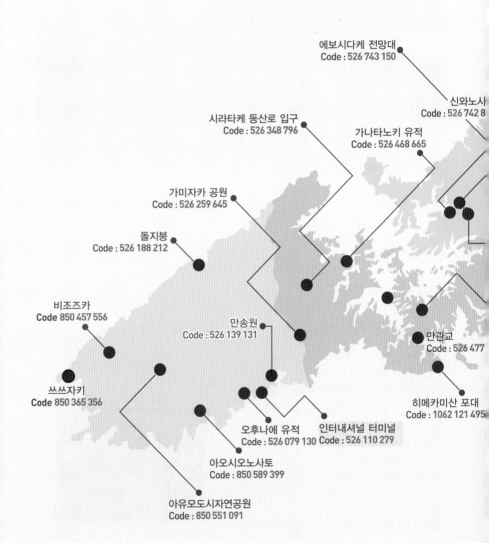

에보시다케 전망대
Code : 526 743 150

신와노사
Code : 526 742 8

시라타케 등산로 입구
Code : 526 348 796

가나타노키 유적
Code : 526 468 665

가미자카 공원
Code : 526 259 645

돌지붕
Code : 526 188 212

비조즈카
Code 850 457 556

만송원
Code : 526 139 131

만관교
Code : 526 477

쓰쓰자키
Code 850 365 356

히메카미산 포대
Code : 1062 121 495

오후나에 유적
Code : 526 079 130

인터내셔널 터미널
Code : 526 110 279

아오시오노사토
Code : 850 589 399

아유모도시자연공원
Code : 850 551 091

야생생물 보호센터
Code : 539 789 751

미타케 입구
Code : 539 583 779

이국이 보이는 언덕 전망대
Code : 539 822 443

한국 전망대
Code : 972 068 821

도요포대
Code : 972 098 446

신사
: 539 154 300

메보로 댐 마사공원
Code : 539 496 666

슈시단풍길
Code : 539 591 806

나기사노유
Code : 972 013 041

미우다해수욕장
Code : 539 898 818

나루타키 폭포
Code : 539 774 604

긴의 장수은행나무
Code : 539 504 299

호타루노유
Code : 539 157 803

즈미 신사
e : 526 772 138

아소베이파크
Code : 526 507 640

지역	관광지명(일본어)		전화번호	맵코드(주차장입구)	주차요금
[북부] 히타카츠 주변	나기사노유 온천		0920-86-4568	972 013 041*77	무료
	미우다 캠프장		–	539 898 884*66	무료
	미우다 해수욕장				
	한국 전망대		–	972 068 792*35	무료
	야생 생물 보호센터		0920-84-5577	539 789 751*82	무료
	숙박	미우다 펜션	0920-86-3110	539 897 838*52	숙박시 무료
		카미소 호텔	0920-86-3120	539 868 215*47	숙박시 무료
		민숙 나츠마루		539 837 666*33	
		히노키노 모리	090-4585-8615	539 768 760	
	대형쇼핑몰 4곳 밀집 지역 (오우라 벨류, 마츠키요 등)		–	972 007 159*33	무료
히타카츠 시내	모모타로 향토음식 레스토랑		0920-86-3710		
	야에 식당		0920-86-2152	539 866 591*85	식사시 무료
	미마츠 레스토랑		0920-86-2411	539 865 144*71	전용주차장
	카이칸 식당		0920-86-2223	539 865 086*30	식사시 무료
	미나토스시		0920-86-3710	539 866 185*47	공터/무료
	스시집 신이치		0920-86-3749	539 866 154*66	광장/무료
	식당 카즈		0920-86-2121	539 866 591*14	식사시 무료
	야보텐		0920-86-2254	972 012 188*44	식사시 무료
	히토츠바타고 레스토랑		0920-86-2876	539 865 080*03	
	히타카츠 우체국			539 866 157*47	광장/무료
	와키모토 식품&게스트 하우스		0920-86-2030	539 865 049*71	무료
	히타카츠항 주유소 ENEOS		0920-86-2425	539 866 154*14	광장/무료
	타케스에 벨류 슈퍼마켓(규모작음)		0920-86-2017	539 866 409*14	–
	렌트카	히토츠바타고 렌트카	0920-86-2190	539 866 154*66	광장/무료
		유유 렌트카	0920-88-9060	539 866 284*14	–
[중부] 미네	해신 신사		–	539 866 439	–
	모고야		–	539 153 054*60	정문 앞 주차
	키사카 전망대		–	539 154 248*28	무료
	호타루노유 온천		0920-83-0313	539 154 272*66	무료
토요타마	에보시다케 전망대		–	539 157 833*55	무료
	와타즈미 신사		–	526 743 210*02	무료
	타마노이		–	526 742 505*44	무료
	토요카마 반점(중국요리)		0920-58-0783		
	아나고테이		0920-58-1662	526 833 432*11	식사시 무료
	아소베이 파크 캠핑장		0920-54-4994	526 772 814*64	식사시 무료
미쓰시마	만제키바시 광장		0920-54-2271	526 507 793*00	무료
	윳타리랜드 쓰시마		0920-54-3336	526 478 212*36	무료
	윳타리랜드 옆 공원		–	526 413 750*4	무료
	벨류 슈퍼사이키 미츠시마(대형 슈퍼)				

지역	관광지명(일본어)	전화번호	맵코드(주차장입구)	주차요금
미쓰시마	드럭스토어 모리 미츠시마	0920-54-5208	526 383 500*66	무료
	쇼핑몰 파루 21	0920-54-2621	526 383 650*74	무료
	라이프베이스 미츠시마	0920-54-5558	526 383 223*63	무료
	대지의 은혜 빵공장	0920-54-2535	526 383 193*88	무료
	다이렉스 미츠시마	0920-54-7575	526 322 659*58	무료
	베스트전기 뉴쓰시마점	0920-54-5666	526 322 539*33	무료
[남부] 이즈하라 시내	우동차야	0920-52-7177	526 231 167*48	
	티아라 쇼핑몰	0920-52-6664	526 139 029*52	무료
	레드캬베츠 대형 슈퍼마켓 티아라점			
	미도리 약국 이즈하라점	0920-53-5225	526 109 897*03	무료
	쓰시마 마루에이 슈퍼마켓	0920-52-3131	526 140 125*60	무료
	고려문	–	526 139 053*25	무료
	역사 민속자료관	0920-52-3687		무료
	덕혜옹주 결혼 봉축비	–	526 139 080*06	무료
	만송원	0920-52-0984	526 139 102*33	무료
	오후나에 유적	–	526 049 847*28	
	하치만구 신사	–	526 139 239*47	
	시마모토 향토요리 레스토랑	0920-52-5252	526 109 836*74	
	G카페	0920-52-5156	526 078 169*30	
	타치바나 스시	0920-52-6185	526 110 788*28	
	회전스시 가게 스시야	0920-52-8088	526 110 570*25	
	주유소 COMO 석유 이즈하라점	0920-52-0418	526 169 149*41	–
	도요코인 이즈하라	0920-53-6145	526 140 091*17	
	대아 호텔	0920-52-3737	526 140 207*45	숙박시 무료
	벨포레 호텔	0920-52-1301	526 139 147*14	숙박시 무료
	서산사 유스 호스텔	0920-52-0444	526 109 653*67	숙박시 무료
	친구 민숙	0920-52-8820	526 169 789*47	
	야나기야 호텔	0920-52-0332	526 140 093*47	숙박시 무료
	민숙 센료	0920-52-4406	526 140 006*77	숙박시 무료
	오렌지 민숙	0920-52-8244	526 110 847*71	숙박시 무료
	이즈하라 펜션		526 110 567*86	숙박시 무료
	이즈하라 호텔		526 140 180*35	
	쓰시마 그랜드 호텔	0920-54-9100	526 323 599*66	
	호텔 쓰시마	0920-52-7711	526 140 064*36	
	만송각	0920-52-0021	526 140 155*50	
	토요타 렌터카 이즈하라점	0920-53-6300	526 110 195*47	–
이즈하라 시외	아유모도시 자연공원-중앙	–	850 521 856*86	무료
	아유모도시 자연공원-츠리바시		850 520 591*15	
	쓰쓰자키	–	850 365 138*82	무료

대마도 버스노선도

이즈하라 → 히타카츠 버스시간표

편	이즈하라 출발	다이렉스 베스트전기 (도보 2~3분)		구니사바라시청병원앞	벳쇼야마바시	벨류마트 모리야쿠 구마인호텔 (도보 5~10분)	윷타라랜드 (도보 2~3분)			아소베이파크 (도보 20분)	와터즈미신사 신화의 마을 (에보시다케전망대 추가100분)		미네렉시자료관 왕타누오유온천 (도보 5분)	아카테노사토 (도보 5분)	벨류마트 미우다캠프장 나기사유온천 (도보 1분)			한국전망대 나기사유온천
1	7:05	7:13	7:19	7:21	—	7:23	7:27	7:32	7:32	7:38	7:44	7:46	8:11	8:14	8:29	9:14	9:23	9:28
2	7:08	7:18	7:24	7:26	7:29	—	7:35											
3	7:55	8:05	8:11	8:13	—	8:15	8:19	8:24										
4	7:58	8:13	8:19	8:21	—	8:23	8:27	8:32										
5	8:10	8:20	8:26	8:28	—	8:30	8:34											
6	8:38	8:48	8:54	8:56	8:59	—	9:05	9:10										
7	9:28	9:38	9:44	9:46	—	9:48	9:52	9:57										
8	9:48	9:58	10:04	10:06	10:09	—	10:15											
9	10:18	10:28	10:34	10:36	—	10:38	10:42	10:47										
10	10:58	11:08	11:14	11:16	—	11:18	11:22	11:27	11:30	11:36	11:42	11:44	12:09	12:12	12:27	13:12	13:21	13:26
11	11:18	11:18	11:24	11:26	11:29	—	11:35	11:40										
12	11:58	12:08	12:14	12:16	12:19	—	12:25	12:30	12:30	12:36	12:42	12:44						
13	12:28	12:43	12:49	12:51	—	12:53	12:57											
14	13:28	13:38	13:44	13:46	—	13:48	13:52	13:57	14:00	14:06	14:12	14:14	14:39	14:42	14:57	15:42	15:51	15:56
15	13:48	13:58	14:04	14:06	—	14:08	14:12	14:17										
16	14:30	14:40	14:46	14:48	—	14:50	14:54											
17	15:08	15:14	15:16	—	15:18	15:22	15:27	15:30	15:36	15:42	15:44	16:09	16:12	16:27	17:12	17:21	17:26	
18	15:28	15:38	15:44	15:46	15:49	—	15:55	16:00	16:00	16:06	16:12	16:14						
19	15:53	16:08	16:14	16:16	—	16:18	16:22	16:27										
20	16:20	16:32	16:38	16:40	16:43	—	—	—	16:50	16:56	16:58							
21	17:28	17:38	17:44	17:46	—	17:48	17:52	17:57										
22	18:30	18:36	18:38	—	18:40	18:44	18:49											
23	18:28	18:38	18:44	18:46	—	18:48	18:52	18:57	19:01	19:07	19:13	19:15	19:40	19:43	19:58	20:43	20:52	20:57
24	18:55	19:03	19:09	19:11	—	19:13	19:17	19:22										
25	19:05	19:16	19:22	19:24	19:27	—	19:33											
26	19:23	19:36	19:42	19:44	—	19:50	19:56	20:04	20:10	20:12	20:45							

이즈하라출발 버스요금	편도 520엔		편도 630엔	편도 700엔				편도 1,070엔	편도 1,660엔				편도 3,370엔
택시요금	이즈하라출발 약 2,000엔		이즈하라출발 약 2,500엔	이즈하라출발 약 3000엔				니이루~신화의마을 약 1,000엔					약 18,000~20,000엔

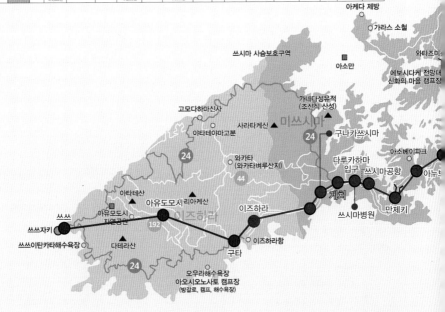

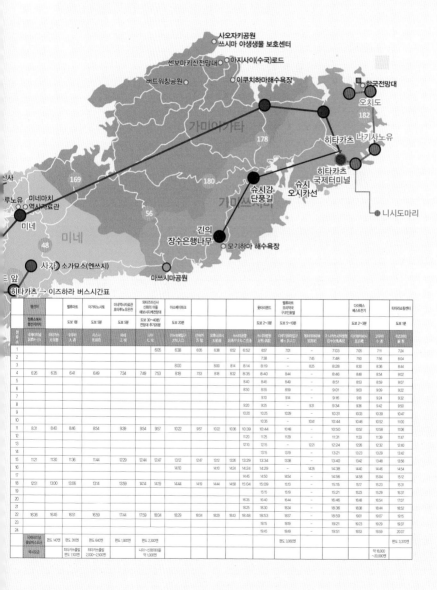

히타카츠 → 이즈하라 버스시간표

버스시간표/렌트카(요금포함)/자전거렌트

고속버스 시간표

출발	도착	편수(왕복)	소요시간	편명	회사/전화번호
부산	이즈하라	화,목,토	2시간 40분	니나	미래고속(주) 051-441-8200 1599-0255
		월, 수, 금, 토	2시간 10분	오션플라워	(주)대아 고속해운 051-465-1114
	히타카츠	화, 목, 토, 일	1시간 10분	오션플라워	
		매일운항		비틀	JR규슈 고속선(주) 부산051-469-0778 히타카쓰0920-86-2210
		주6~7일		코비	미래고속(주) 051-441-8200 1599-0255
		주3~4일	1시간 30분	니나	

섬 내 교통(지역번호 0920)

구분	회사명	전화번호
정기노선버스/전세버스	쓰시마교통	52-1810
전세버스	호텔쓰시마	52-7711
	그린넷관광	86-4585
	쓰시마 아이랜드관광	53-5310
	아사다 관광버스	54-2196
	히토츠바타고	88-6101
투어버스	히타카쓰(히타카츠 출발)	090-1966-8439
	야마네코(이즈하라, 히타카츠 출발)	051-245-0114

택시(지역번호 0920)

※대마도의 모든 택시는 콜택시로 운영됨

구분	회사명	전화번호	구분	회사명	전화번호
이즈하라	이즈하라택시	52-0227,	미네	미네택시	83-0140
	다이슈택시	52-1814		사카택시	82-0779
	호텔쓰시마택시	52-0500	가미아가타	다이이치택시	84-5311
미쓰시마	미쓰시마택시	54-4444	가미쓰시마 (히타카쓰)	쓰시마택시	86-2131
	호텔 쓰시마	54-8800		가미아가타택시	86-2104
도요타마	도요타마택시	58-1251			
	주부택시	58-0194			

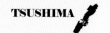

자전거렌트 (예약제)

구분	회사명	전화번호
이즈하라	하타시마	52-0308
	호텔쓰시마	52-0500
	관광물산협회	52-1566
	Budget 렌터카	52-1571
	친구야	070-7842-3882
히타카츠	친구야	070-7842-7634
	시마이 플라워샵	86-3223
	히토츠바타고	88-6101

렌터카 (지역번호 0920)

※국제운전면허증이 있어야 렌트가 가능함

구분	회사명	
이즈하라 & 쓰시마공항	Budget 렌터카	52-1571
	요시나가렌터카	54-4111
	도요타렌터카	53-6300
	오릭스렌터카	54-2220
	구)코인렌터카	54-3329
	니코니코렌터카	54-8118
	친구야	051-463-7182
히타카쓰	쓰시마렌터카	86-2221
	JIN 렌터카	86-3409
	Budget 렌터카	86-2145
	타쿠미 렌터카	090-1966-8439
	히토츠바타고	88-6101
	이시마루오토 렌터카	090-7157-2020
	유유렌터카	88-9060
	친구야	051-463-7182

※ 렌터카 요금 (단위:¥)

렌터카요금 예

- 렌터카 요금은 시간, 차량에 따라 조금씩 달라질 수 있으므로 자세한 사항은 전화로 문의요망
- 대여하신 곳과 다른 곳에서 차량을 반납하실 경우 별도의 회송료가 부과됨
- 렌트카 반납할 때 채워진 휘발유량과 동일하게 반납
- 낚시용으로 렌트하실 경우 별도의 요금이 부과됨

요시나가 렌트카(면책보험료, 소비세 포함 요금)						
구 분	4인승 660cc	5인승 1300cc	5인승 1500cc	3,6인승 화물용 벤	8인승	10인승
1 일	8,000	9,000	13,000	11,000	25,000	28,000
2 일	14,000	17,000	23,000	21,000	45,000	52,000
3 일	20,000	25,000	33,000	31,000	65,000	76,000
4 일	26,000	33,000	43,000	41,000	85,000	100,000
회송료	10,500 (히타카츠 터미널 이용시)					

도요타 렌터카(면책보험료, 소비세 포함 / 대여한 곳에서만 반납 요망)					
구 분	컴팩트	스텐다드	미드사이즈	프리미엄	8인승
1 일	7,875	10,500	12,600	27,300	21,000
2 일	14,700	19,425	23,100	47,250	36,750
3 일	21,525	28,350	33,600	67,200	52,500
4 일	28,350	37,275	44,100	87,150	68,250
1시간 초과시	1,050	1,260	1,575	3,150	2,100

Izuhara

이즈하라

간략하게 이즈하라 시내 이해하기

부산과 이즈하라로 이동하는 페리는 2시간 10분이었지만 1시간 30분으로 줄어들 수도 있다. 더욱 빠른 쾌속선이 준비 중이다. 주말이나 성수기에 늦게 입국심사를 마치고 나오면 점심시간 때라서 식당은 항구에서 가까운 곳부터 관광객으로 자리가 차게 된다. 여객터미널에 관광안내소가 있으니 여행정보를 문의를 하고 약 10~20분 정도 걸어가 티아라 몰에서 이즈하라 여행을 시작하는 것이 좋다.

이즈하라는 대마도 시청이 있는 중심지로 1일정도 머물면서 구석구석 관광지와 쇼핑을 하면서 천천히 둘러본다. 관광지간의 이동거리가 멀지 않으므로 천천히 걸어 다니든, 자전거를 타며 다니든 충분히 돌아볼 수 있다. 이즈하라는

이시야네 돌지붕

아유모도시자연공원

가마자카공원

쓰쓰자키

아리아케

이즈하라 타운

382

붉은배새매 관측지

다테리야마원시림

오후나에

덕혜옹주결혼기념비
망송원
무가저택
쓰시마역사민속자료관
최익현 순국비
방화벽
나카라이 기념관
국분사
고려문

① 대마도 역사 민속 박물관 →새로운 박물관 건설로 휴관 중
② 조선통신사비 → 위치를 이동하여 관람 제한
③ 수선사 → 수선사 관람 불가(최익현 순국비 관람 제한)
④ 이즈하라 ↔ 히타카츠 종단 셔틀버스 운행(1,000¥)
   9시 20분 이즈하라 출발 → 12시13분 히타카츠 도착
   14시 30분 히타카츠 출발 → 17시25분 이즈하라 도착

대마도의 중심 지방으로 시내를 벗어나 아유모도시 국립공원과 쓰쓰자키 등 많은 볼거리가 있으니 시내만을 보고 돌아가지 말자. 이즈하라에서 쓰쓰로 이동하는 버스가 있으니 시간을 맞춰 오전에 이동하면 충분히 하루 동안 둘러볼 수 있다.

이즈하라는 남북으로 흐르는 실개천 오른쪽으로 중심 도로가 자리잡고 그 오른쪽에 382번 도로가 자리잡고 있다. 이 도로를 따라 많은 마트와 식당, 관광지가 위치해 있다. 이즈하라를 여행하려면 가장 먼저 티아라 몰에서 시작해야 한다. 티아라 몰의 지하주차장이나 가네이다 성 문 앞에 무료주차가 가능하여 버스투어든 렌트카든 이곳을 이즈하라여행의 시작점으로 시작한다. 그 위로 덕혜옹주 결혼 봉축 기념비, 만송원, 시미지 산을 본다. 이어서 티아라 몰 정면으로 해변 쪽으로 떨어져 있는 수선사의 최익현 순수비를 보러간다.

최익현 순수비를 보려면 면세점과 티아라 몰^{Tiaramall}을 지나가는 데 다시 돌아와 이제는 쇼핑을 하면서 시내를 둘러보자. 또한 식사시간 때가 되었다면 실개천의 맛집을 찾아 맛집 투어도 하기에 좋다. 대마도에서 가장 큰 도시인 이즈하라는 3시간 정도면 이즈하라 시내를 다 둘러볼 수 있다. 이즈하라는 작은 도시이기 때문에 언제든지 쉽게 돌아볼 수 있다.

부산에서 히타카츠 항구로 이동하는 시간이 70분으로 가까워서 히타카츠에서 대마도여행을 시작 여행을 시작해 이즈하라에서 부산으로 돌아가는 여행이나 반대로 이즈하라 IN, 히타카츠 OUT 형태의 여행이 가장 좋은 여행방법이다.

머니 & 쇼핑 트렌드(Money & Shopping Trend)

부산에서 이동시간이 히타카츠보다 멀지만 대마도의 중심은 이즈하라이기 때문에 1박2일 이상의 여행은 이즈하라 시내를 반드시 보게 된다. 이즈하라에서 쇼핑을 하면서 신용카드는 사용이 대부분 가능하다.

식당에서 식사를 하려고 하면 현금이 필요하니 티아라 몰의 ATM기에서 현금을 인출할 수 있다. 그래서 2일정도의 현금(대략 10~20만 원 정도)사용을 미리 판단하여 엔(¥)화로 환전해 오는 것이 편리하다. 쇼핑은 이즈하라의 많은 면세점과 티아라 몰에서 쇼핑을 하는 것이 가장 저렴하여 대부분의 쇼핑은 이즈하라의 상점에서 이루어지고 있다.

대마도에서 스마트폰 사용하기

스마트폰이 일상화되고 카카오톡과 같은 SNS가 일상화된 지금, 대마도여행에서 스마트폰은 가지고 가는 것이 일반적이다. 다만 해외에서 이용하면 국내에서 이용하는 요금제와 상관없이 비싼 로밍요금이 부과되기 때문에 사전에 미리 해외데이터 무제한 요금을 미리 신청해 사용하는 것이 좋다. 해외에서 전원을 켜는 순간부터 자동으로 인터넷에 접속되면서 순식간에 요금이 과다발생하기 때문이다.

1. 해외 무제한 로밍요금 가입
데이터를 무제한으로 이용할 수 있는 요금제가 각 통신사마다 있기 때문에 114로 걸어서 해외로밍에서 가입하면 된다. 미리 신청하지 못했다면 출발 전에 전화로 가입이 가능하지만 휴일에는 상담원 통화를 할 수 없다. 인천공항처럼 로밍센터는 부산 국제여객터미널에는 운영하지 않고 있다.
▶SKT_ http://www.tworld.co.kr/roaming
▶KT_ http://roaming.olleh.com/safety/_service/main.asp
▶LGT_ http://roaming.uplus.co.kr

2. 포켓 와이파이
최근에 일본여행에서 특히 많이 사용하는 방법으로 최대 10명까지 사용할 수 있는 휴대용 와이파이기기를 이용할 수 있다. 포켓 와이파이는 데이터 로밍 비용의 부담없이 실시간으로 모바일 검색이 필요한 여행객에게 인기가 높다. 부산 국제 여객터미널에서 기기를 대여해 이용할 수 있다.

여행 중 도움을 받을 수 있는 관광 안내소

관광안내소는 이즈하라와 히타카츠 항구에 있으며 이즈하라의 티아라몰 오른쪽 건너편에 후레아이도코로 쓰시마 관광안내소가 있다. 관광안내소에는 한국어가 가능하기 때문에 여행 중 궁금한 것이나 도움을 받을 사항이 있다면 바로 찾아가자. 08시45분~17시30(이즈하라 국제 여객터미널은 16시45분까지)분까지 오픈되어 있다.(연말연시 휴무)

히타카츠 국제터미널

이즈하라 국제터미널

후레아이도코로 쓰시마

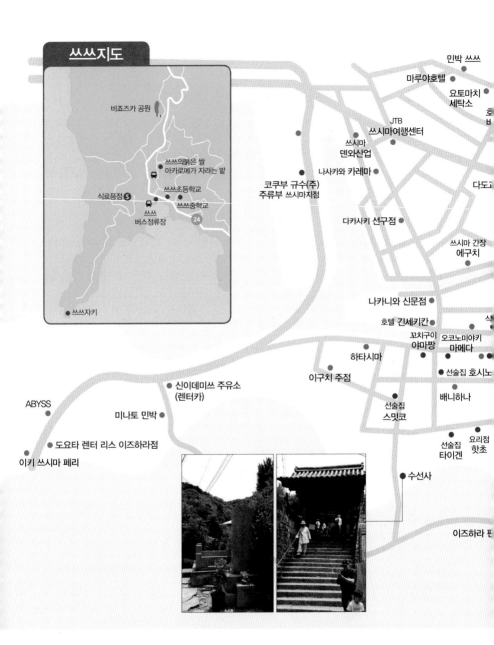

쓰쓰지도

- 비죠즈카 공원
- 쓰쓰의붉은 쌀 아카로메가 자라는 밭
- 쓰쓰초등학교
- 쓰쓰중학교
- 식료품점 ⑤
- 쓰쓰 버스정류장
- 24
- 쓰쓰자키

- 민박 쓰쓰
- 마루야호텔
- 요토마치 세탁소
- 호텔
- JTB 쓰시마여행센터
- 쓰시마 덴와산업
- 나사카와 카레마
- 코쿠부 규수(주) 주류부 쓰시마지점
- 다도
- 다카사키 선구점
- 쓰시마 간장 에구치
- 나카니와 신문점
- 호텔 긴세키칸
- 꼬치구이 야마짱
- 오코노미야키 마메다
- 하타시마
- 이구치 주점
- 선술집 호시노
- 신이데미쓰 주유소 (렌터카)
- 배니하나
- ABYSS
- 선술집 스밋코
- 미나토 민박
- 선술집 타이겐
- 요리점 핫초
- 도요타 렌터 리스 이즈하라점
- 이키 쓰시마 페리
- 수선사
- 이즈하라 펜

이즈하라는 대마도의 중심지로 쓰시마 시청이 있는 곳이다. 이즈하라는 하루를 머물면서 구석구석을 휘젓고 다니면서 천천히 둘러본다. 관광지간 이동거리가 멀지 않으므로 천천히 걸어 다니며 관광을 해도 충분히 돌아볼 수 있다.

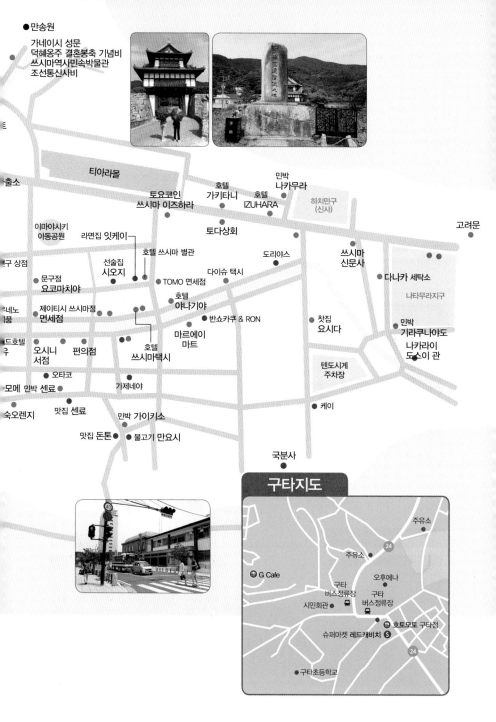

●시미즈산

●만송원

가네이시 성문
덕혜옹주 결혼봉축 기념비
쓰시마역사민속박물관
조선통신사비

티아라몰

출소

토요코인
쓰시마 이즈하라

호텔
가키타니

호텔
IZUHARA

민박
나카무라

하치만구
(신사)

고려문

이마야시키
이동공원

라면집 잇케이

토다상회

쓰시마
신문사

구 상점

호텔 쓰시마 별관

선술집
시오지

도리야스

다나카 세탁소

나타무라지구

문구점
요코마치야

TOMO 면세점

다이슈 택시

네노
品

제이티시 쓰시마점
면세점

호텔
야나기야

찻집
요시다

민박
기라쿠나야도

반쇼카쿠 & RON

나카라이
도스이 관

드텔
구

오시니
서점

편의점

호텔
쓰시마택시

마르에이
마트

텐도시계
주차장

●오타코

가제네야

모메 민박 센료

숙오렌지

맛집 센료

민박 가이키소

●케이

맛집 돈톤

●불고기 만요시

국분사

구타지도

주유소

주유소

오후에나

ⓜ G Cafe

구타
버스정류장

구타
버스정류장

시민회관

ⓜ 호토모토 구타점

슈퍼마켓 레드캐비치 Ⓢ

●구타초등학교

이즈하라 핵심 자전거 여행

대마도의 이즈하라를 여행할 때 걷거나 자전거로 여행하는 방법보다 더 좋은 방법은 없을 것이다. 대마도는 차량의 이동도 많지 않고 자전거로 거의 모든 곳을 다닐 수 있기 때문에 자전거로 여행하는 관광객은 많아지고 있어 자전거를 렌탈하는 장소도 늘어나고 있는 추세이다. 대마도의 자전거여행은 이즈하라와 히타카츠 시내의 핵심만을 보는 코스와 대마도 전체를 다 둘러보는 코스의 2가지로 나누어진다.(밑의 자전거여행은 이즈하라 자전거여행이며 대마도 자전거여행은 이즈하라 뒤에 설명이 되어 있다)

이즈하라 코스(거리 약 2.4㎞ / 소요시간 : 2~3시간)
쓰시마 역사 민속 자료관 → 덕혜옹주 결혼봉축 기념비 → 가네이시 성 정원 → 만송원 → 수선사(최익현 순국 기념비) → 하치만구 신사 → 고려문 → 나카무라 지구 → 나카라이 도스이

쓰시마 역사 민속 자료관

티아라몰에서 오른쪽으로 돌아 나와 위로 보이는 성문이 대마도에서 가장 오래된 목조 건축물인 만송원(반쇼인)이다.

만송원

대마도 번주와 그 일족이 모셔져 있다. 문을 넘어서 조금만 들어가면 덕혜옹주 결혼봉축 기념비가 나온다. 작은 기념비인데 패키지로 오면 가이드의 설명에 따라 오래 자리를 잡고 설명을 듣게 된다.

기념비를 따라 더 들어가면 가네이시성 정원이 나오는데 입장료(300￥)가 있다.

가이네시 성 정원에 입장했다면 만송원이 뒷문에 이어져 있다. 가네이시 성 정원을 보지 않고 나오면 가네이시 성 문을 나와 오른쪽으로 난 도로를 따라 올라가면 만송원이 나온다. 만송원까지 보고 가네이시 성 문까지 원위치하여 왼쪽으로 올라가는 길을 따라 가면 시미즈산으로 올라가는 소로길이 나온다.

시미즈산 정상까지는 2시간 30분~3시간 정도의 시간이 소요된다. 그래서 만송원에서 나와

덕혜옹주 결혼봉축 기념비

가네이시 성 정원

고려문

점심이 가까워졌다면 시미즈산에 올라가기 전에 점심식사를 하고 올라가는 것이 좋다. 아침에 일찍 이즈하라 시내를 둘러보기 시작했다면 시미즈산 정상에 올라갔다가 내려와서 점심식사를 할 수 있다.

점심식사를 하고 이즈하라 시내의 천을 따라 둘러보고 항구 쪽에 있는 수선사로 이동한다. 수선사는 최익현 순국 기념비가 있는 절이다.

시내와 조금 떨어져 있어서 찾기가 힘들 수도 있다. 수선사를 가려면 친구야 커피숍을 찾으면 쉽게 찾을 수 있다. 거기서 다시 다리 하나를 밑으로 이동하여 골목길을 걸으면 '카페인Cafe-Inn'이 나온다. 그 카페인에서 정면의 골목길을 따라가면 수선사가 왼쪽 편에 조그맣게 있다.

이즈하라항
厳原港

부산에서 배를 타면 이즈하라 항에 도착한다. 대마도 여행객이 가파르게 상승하여 여행객이 많기도 하지만 일본은 입국 수속시 얼굴 사진 및 지문인식까지 요구하므로 시간이 걸릴 수도 있다. 조금 서둘러서 입국 신고를 마치고 나오는 것이 현명하다. 입국신고를 마치고 나오면 1876~1924년까지 사용했던 이즈하라 항의 오래된 등대가 보인다. 등대라고 할 수 없을 정도로 작아서 등대인지 모르고 지나치는 경우가 많다.

코인라커

당일치기 여행은 가지고 있는 짐이 적으면 여행이 편리하다. 그럼에도 면세품 등으로 짐이 많다면 이즈하라와 히타카츠 항 1층에 있는 코인라커를 이용하자. 당일치기 여행은 이즈하라 시내와 히타카츠에서 자전거를 이용하는 경우가 많아서 짐은 내려놓고 몸을 최대한 가볍게 할 필요가 있다.

조선통신사 교역 200주년 기념벽화

이즈하라에는 조선통신사 교역 200주년을 기념하는 벽화가 있다. 이것만 봐도 대마도와 대한민국의 관계가 오래되었음을 알 수 있다. 이 외에도 우리나라 역사의 흔적을 알 수 있는 관광지가 이즈하라에는 대단히 많다.

이즈하라 대교
厳原大橋

이즈하라 항에서 100m정도 걸어가면 갈림길이 나오는데, 바다방향으로 걸어가면 이즈하라 대교가 보인다. 이즈하라 대교를 기점으로 이즈하라 시내가 나온다. 대교를 건너서 계속 이동하면 유명한 쇼핑센터 티아라몰이 나오고, 대교 오른쪽으

로 직진하면 마을이 나온다. 이즈하라 대교를 건너지 않더라도 중간에 작은 다리가 많으니 발길 닿는 대로 걸어도 괜찮다.

한국의 작은 항구도시와 같은 분위기를 풍기는 이즈하라 항구 마을은 골목의 곳곳을 누비는 즐거움이 있지만, 한국 역사의 흔적을 찾아보면 더욱 의미가 있는 여행을 할 수 있다.

이즈하라 시내
いづはら 小川 おがわ

대마도에서 가장 번화한 이즈하라 항구 마을은 대마도를 여행하면 반드시 둘러보게 되는 곳이다. 쇼핑몰과 맛집이 운집해 있기 때문이다.

대마도 역사민속자료관

대마도 역사민속자료관
& 조선통신사의 비
歷史民俗資料館
& 朝鮮國通信使之碑

이즈하라 항구 마을 중앙에 있는 대마 역사 민속자료관은 대마도의 역사적인 유물을 전시하는 곳이다. 한국인이 눈여겨봐야 할 것은 한반도 양식의 세형동검과 청동거울, 백제, 가야 등에서 전래된 청자와 불상, 17m 길이의 조선통신사 행렬도 등이다. 대마역사자료관 근처에는 조선통신사 비가 우뚝 서 있다.

조선통신사의 일본 방문으로 한·일 교류가 활발해지기 시작한 것을 기념해 1992년 세워졌다.

대마도 도주(島主)는 오랜 세월 대마도를 지배했던 소(宗)가(家)는 에도시대 이전까지 도주였고, 이후에는 번주(藩主)가 되어 대마도의 모든 것을 통치한 지방 토착세력이다. 임진왜란 이후 일본과 조선의 교류 재개에 노력을 기울여 조선통신사의 길을 여는 데 큰 역할을 했다. 조선통신사를 영접하는 등의 임무도 수행함으로써 당시 일본 막부와 조선 모두에게 공을 인정받았다.

Mapcode 526 139 053

덕혜옹주 결혼 봉축 기념비
李王家宗伯爵家結婚奉祝記念碑

가네이시조(금석성)의 외문인 노문을 지나면 덕혜옹주 결혼봉축기념비가 세워져 있는데 기념비의 이름은 이왕조종가결혼봉축기념비(李王家宗伯爵家結婚奉祝記念碑)이다. 덕혜옹주의 파란만장한 삶과 역사가 담겨 있는 덕혜옹주 결혼 봉축기념비는 1931년 덕혜옹주와 대마도의 백작이었던 소 다케유키의 결혼을 기념하는 비석이다.

대마도의 역사를 느낄 수 있는 필수 코스 중 하나인 덕혜옹주비는 한 · 일 관계를 되짚어볼 수 있는 의미 깊은 장소다. 대한제국의 마지막 황녀 덕혜옹주의 결혼을 축하하는 뜻으로 건립됐으며 2001년 11월 10일 대마도에 거주하는 한국인들에 의해 복원됐다. 일제의 대한 제국 황실 말살 정책의 일환으로 강제정략결혼을 한 덕

혜옹주는 결혼 전부터 앓아왔던 정신질환을 극복하지 못하고 소 다케유키와 이혼하고 말았다. 외롭게 서 있는 비가 덕혜옹주의 쓸쓸했던 삶과 닮았다. 덕혜옹주의 파란만장한 삶이 담겨 있는 결혼 봉축기념비를 빼놓지 말고 둘러보자.

위치_ 티아라몰 주차장을 향해 걸어가면 정면에 위치
Mapcode 526 139 080

조선 마지막 황녀 덕혜 옹주

대마도에는 '덕혜옹주 결혼 봉축 기념비'가 있다. 조선의 마지막 황녀의 결혼 봉축이라고 하니 축복받은 결혼인가라는 질문을 받는다. 덕혜옹주는 19살이던 1931년, 일제에 의해 강제로 대마도 도주의 세손인 '소宗 다케유키武志' 백작과 결혼했다. 시댁이 대마도였던 셈인데, 결혼식은 도쿄에서 올렸고 덕혜옹주가 대마도를 찾은 건 결혼한 해에 단 한 번 인사차 방문한 것뿐이었다. 이런 이유로 대마도에 덕혜옹주 결혼 봉축 기념비가 세워지게 됐다.

덕혜옹주는 고종황제가 61세 때 후궁의 몸에서 태어났다. 고종은 덕혜옹주를 일본에 빼앗기지 않으려 7살 때 약혼시키는 등 갖은 노력을 했지만, 일본은 덕혜옹주를 13살 때 도쿄로 강제 유학을 보내 고종황제와 떼어 놓았다.

덕혜옹주는 식민지의 공주라는 이유로 학교에서 갖은 따돌림과 괴롭힘을 당했고, 정신질환까지 얻게 됐다. 일본은 그런 덕혜옹주를 '내선일체(內鮮一體 / 조선과 일본이 완전히 하나의 국가라고 주장했던 일본의 조선 통치 정책)'를 홍보하기 위한 수단으로 대마도 도주의 세손과 결혼시켰다. 덕혜옹주의 딸 정혜 역시 갖은 차별 대우와 따돌림을 당하다 어머니처럼 정신질환을 얻었다. 결국 정혜는 자살하겠다는 유서를 써 놓고 실종되었다. 그 일 이후 덕혜옹주의 우울증과 몽유병은 날로 더 악화되었다. 1955년 소 다케유키는 덕혜옹주와 이혼했고, 덕혜옹주는 정신병원에 외롭게 수감되었다. 그 사실을 조선일보 기자가 폭로해 박정희 대통령이 1962년 귀국시킴으로써 마침내 덕혜옹주는 고국에 돌아왔다. 7년간 서울대 병원에서 치료를 받고 창덕궁 낙선재에서 생활하다가 1989년 77세의 나이로 한 많은 일생을 마감했다.

가네이시 성 정원
かねいしじょう

17세기부터 대마도의 번주 저택이던 가네이시 성 정원에서 나온 유적을 복원한 것으로 모르고 지나가다가 입구에서 직원의 이야기로 유료인지 알게 된다. 산기슭에서 나오는 물을 배수시키는 구조이나 가운데에 인공섬이 있고 주위의 연못을 만들었다. 일본 본토와는 다른 디자인으로 가치가 있다고 하나 추천하지 않고 관광객도 거의 입장하지 않는다.

역사민속자료관 오른쪽 위로 난 길을 따라 올라가면 산의 높이 600m가 안 되는 아리아케산 산책 코스가 있다. 정상까지는 약 2~3시간 정도 소요되는데 이즈하라 주민들이 뒷동산에 오르는 코스로 관광객보다 현지인들이 주로 오르는 곳이다. 1591년에 도요토미 히데요시가 임진왜란을 준비하면서 만든 성터이지만 돌담만 있을 뿐이다. 힘들게 오른 산에서 이즈하라 시내가 한눈에 펼쳐지는 장면이 인상적인 곳이다.

티아라몰
Tiara Mall

티아라몰은 이즈하라의 유일한 쇼핑몰이
다. 1층에는 다양한 잡화와 기념품 등을
팔고 있으며 맥주 및 인스턴트 음식 등이
많다. 티아라몰에서 쇼핑을 하기 위해서
당일치기 여행을 하는 관광객도 있을 정
도로 많은 사람들이 방문한다.

위치_ 長崎県 対馬市 巌原町 今屋敷 661-3
Mapcode 526 139 058

레드케비지(Red Cabbage / 09시~22시)
티아라몰 1층에 위치한 대형마트로 신선
한 채소와 해산물을 비롯하여 일본에서
만 구입할 수 있는 각종 음식과 도시락을
많이 팔고 있다.

▶www.red-cabbage.com

다이슈안(11시30분~19시30분)
티아라몰 1층에 위치한 우동 전문집으로
우동뿐만 아니라 카레, 유부초밥 등 다양
한 일본 음식을 팔고 있다. 한국어로 된
메뉴가 있어 쉽게 주문할 수 있으며, 테이
블 위에 있는 파를 우동에 넣어 먹으면
된다.

▶에비텐 우동 700¥, 카레 500¥,
　유부초밥 200¥

모스버거(09시~22시)
우리나라에도 매장이 있는 모스버거는
티아라몰 1층에 있다. 모스버거는 주문을
하면 그때부터 햄버거를 만들어주기 때
문에 번호표를 받고 자리에 앉아 기다려
야 한다. 기간 한정 햄버거도 있다.

▶모스버거 330¥, 모스치즈버거 360¥,
데리야키 치즈버거 330¥,
세트는 햄버거가격 + 350~420¥

파팡(パパン)

티아라몰 1층에 위치한 빵집으로 다양한 빵과 특산품 등을 판매한다. 여러 모양의 빵과 양갱 등을 판매하며 호빵맨과 세균맨 모양의 빵이 인기이다. 속 재료가 없는 빵도 맛있을 정도로 빵 반죽이 고소하고 부드럽다.

100¥ Shop

티아라몰 2층에 있는 100엔 가게로 다이소와 비슷하다. 저렴한 물건만 있다고 생각하면 오산이다. 의외로 질 좋은 물건들이 많으니 시간이 된다면 쇼핑해 보자.

쓰시마물산관
対馬物産館

하치만구신사 정면으로 횡단보도를 건너면 오른쪽에 있는 작은 상점으로 대마도에서 나오는 특산품을 주로 판매하고 있다. 표고버섯, 가스마키, 야마네코 소주, 고구마 소주가 인기가 높다.

주소_ 厳原町今屋敷 778
영업시간_ 09시~17시
전화_ 0920-52-0355
Mapcode_ 526 140 212

면세점 카가시야
かがし屋 対馬物産館

편의점 7,11의 왼쪽으로 올라가면 패키지 고객이 주로 찾는 면세점이 있다. 아줌마의 필수품인 주방용품이 주로 판매가 된다. 한국어를 할 수 있는 직원이 고객을 상대하기 때문에 쇼핑도 쉽게 할 수 있다.

블로그_ blog.naver.com/kagasiya
주소_ 厳原町田渕 1036
영업시간_ 09시~20시
전화_ 0920-52-1300
Mapcode_ 526 140 065

아리아케산의 시미즈산 성터
清水山城攄

역사민속자료관 오른쪽 위로 난 길을 따라 올라가면 산의 높이 600m가 안 되는 아리아케산 산책 코스가 있다. 정상까지는 약 2~3시간 정도 소요되는데 이즈하라 주민들이 뒷동산에 오르는 코스로 관광객보다 현지인들이 주로 오르는 곳이다.

1591년에 도요토미 히데요시가 임진왜란을 준비하면서 만든 성터이지만 돌담만 있을 뿐이다. 힘들게 오른 산에서 이즈하라 시내가 한눈에 펼쳐지는 장면이 인상적인 곳이다.

수선사(修善寺)
& 최익현 순국기념비(출입불가)
しゅぜんじ

백제의 승려가 창건했다고 전해지는 슈젠지(修善寺)는 항일운동을 하다 붙잡혀

대마도로 압송되어 목숨을 잃은 면암 최익현의 순국비와 초상화가 있는 곳으로 대한민국의 관광객이 반드시 찾는 장소이다. 이즈하라 항구 마을 서쪽 주택가에 있는 수선사에는 최익현 순국기념비가 있다.

최익현은 을사조약 후 항일의병운동을 일으킨 인물로 대마도에 유배됐다가 단식 끝에 순절했다. 1986년 건립된 이 비는 비록 작은 비석이지만 조선의 기개와 선비정신을 몸으로 보여준 것으로 애국심이 비 곳곳에 녹아 있다.

방화벽
防火ぼうか壁へき

이즈하라 좁은 골목에는 일반주택의 담장으로 보기는 곤란할 정도로 유난히 두꺼운 검은 돌담이 남아있는데 화재를 막기 위한 벽이다.

세잔지
西山寺

조선통신사가 일본 본토 방문을 위해 대마도를 경유할 때마다 숙소로 사용하던 세잔지(西山寺)는 최근 유스호스텔로 사용되고 있다.

하치만구 신사
八仙宮神社

대마도의 대표적인 신사 중 하나로 고즈넉하고 평화로운 분위기가 여행자의 마음을 어루만져준다. 하치만 신궁 이즈하

라 시내에 있는 대마도의 대표적인 신사다. 이즈하라의 하치만 신을 모신 곳으로 우노도 신사, 천신 신사, 와카미야 신사가 함께 위치해 있다.

두 마리의 고마이누가 신사를 지키고 있는데 한 마리는 입을 열고 있고 한 쪽은 입을 다물고 있다. 이는 만물의 시작과 끝을 의미한다. 일본이 임나일본부설을 내세우는 진구황후(神功皇后)를 모신 신사가 있으며 음력 8월15일에 이즈하라 하치만구대제 행사가 열린다.

Mapcode_ 526 139 239

나카무라 지구
中村地区

하치만구 신사에 인접한 거리에 헤이안 시대에 만들어졌다. 무로마치 시대에는 아비루 씨에 이어 소씨가 지배했다. 대마도 도주 10대 사다쿠니는 거점이었던 미네를 떠나 지금의 이즈하라로 옮겨 와서 1468년에 새 저택을 지금의 대마도 경찰서 부근에 세웠다. 이 저택은 이후에 나카무라 저택이라고 불리게 되었고, 이때부터 섬의 중심지로 정비가 진행되었다. 현재의 나카무라 지구는 1660년대에 무가 저택 마을로 마을 만들기 계획을 기초로 만들어진 것이며, 지금도 남아 있는 많은 돌담이나 무가 저택의 문 등이 그 당시 무가저택의 분위기를 내고 있다.

히구치 이치요의 스승으로 유명한 소설가 나카라이토스이와 메이지 시대 미인들의 일생을 남긴 아라이가미노오츠마 등의 인물이 나카무라 지구에서 배출되었다. 이런 역사와 문화가 살아 숨 쉬는 나카무라지구를 후세에 전하기 위해 정비되었다.

임나일본부설(任那日本府說)

일본의 4세기, 야마토정권이 한반도 남부에 진출하여 백제·신라·가야를 지배하고 가야에는 일본부(日本府)라는 기관을 두어 6세기 중엽까지 직접 지배하였다는 설로 일본이 제국주의 침략을 정당화하는 근거로 제시한 설이다. 일본인과 한국인은 본래 같은 뿌리에서 태어났다는 '일선동조론(日鮮同祖論)'과 함께 35년간의 식민통치를 합리화하는 기능이었다. 식민사학의 극복을 논의할 때, 임나일본부설에 대한 비판과 부정이 빼놓을 수 없는 과제가 됨은 당연하다.

임나일본부설의 근거로 핵심적인 것이 일본서기(日本書紀)에 적힌 내용인데 "진구황후(神功皇后)가 보낸 왜군이 369년 한반도에 건너와 7국(國)과 4읍(邑)을 점령하고, 임나(任那:伽倻)에 일본부가 설치되었고 562년 신라에 멸망하였다"라고 나온 구절이다. 일본은 369년부터 562년까지 약 200년간 한반도 남부를 지배했고 중심이 가야에 두어진 임나일본부라는 것인데 근거가 없는 일본이 광개토대왕비(廣開土大王碑)를 주장을 뒷받침하는 것으로 제시했다. "왜가 바다를 건너와 백제와 임나·신라 등을 격파하고 신민(臣民)으로 삼았다"고 해석한 일본의 잘못된 주장과 제국주의의 근거로 알고 입장하면 좋을 것이다.

나카라이 도스이 기념관
半井桃水

했다. 아사히신문에 입사한 뒤에는 〈춘향전〉을 번역해 20회에 걸쳐 신문에 연재했다.

대마도 이즈하라 태생 소설가이자 기자인 나카라이 도스이(半井桃水)의 생가를 개조해 만든 기념관으로 5,000엔 화폐 속 여인의 사랑을 확인해 보러가자.

나카라이 도스이는 일본을 대표하는 여성 작가이자 5,000엔 화폐 속 인물인 히구치 이치요(樋口一葉)의 문학 스승이자 연인이었다.

나카라이 도스이는 아버지의 근무지인 부산에서 생활한 적이 있어 한국말에 능통했고 서울에서 특파원으로 일하기도

히구치 이치요는 1891년 아사히신문 기자였던 나카라이 도스이를 찾아가 소설 지도를 해 달라고 요청했다. 당시 히구치 이치요는 20살, 나카라이 도스이는 32살이었다. 히구치 이치요는 어린아이들의 성장과 사랑을 그린 〈키재기〉, 창부들의 삶을 그린 〈흐린 강〉, 여성의 심리를 섬세하게 묘사한 〈나 때문에〉〈매미〉 등 작품들을 쏟아내고 25살의 나이에 요절했다. 도스이를 연모한 그녀의 마음은 사후 발표된 일기에 의해 세상에 알려졌다.

EATING

스시야
すしや

대마도에서 회전초밥을 먹고 싶다면 반드시 찾아가야 하는 집으로 현대적인 터치패드스크린을 통해 주문을 한다. 한국어로 된 메뉴가 있으니 걱정하지 말고 주문을 쉽게 할 수 있다.

접시를 꺼내어 기차가 이동하면서 주문을 해준다. 그래서 먹은 접시는 다시 주방으로 돌려주어야 다시 주문을 할 수 있다. 5접시를 기본으로 주문하고 운이 좋으면 음료수 등을 받을 수도 있어 기대를 하는 심리도 가지게 된다.

주소_ 厳原町久田道1659
영업시간_ 11시~21시
요금_ 1접시 100¥~(소비세 추가됨)
전화_ 0920-52-8088
Mapcode_ 526 109 598

시마모토
志まもと

티아라몰에서 도보 5분 거리에 위치한 대마도 향토음식 전문점으로 추천 메뉴는 사시미 정식과 이시야키 등이다. 전체적으로 가격대가 높은 편이다. 하지만 맛좋다고 소문이 나서 손님은 끊이지 않는다. 사시미 정식은 전형적인 일식 상차림에 정갈하고 깔끔한 맛이 인상적이다.

이시야키는 달궈진 돌 판에 기름칠을 한 후 다시에 찍은 재료를 올려 굽는 요리인데 이시야키의 담백한 맛과 소스가 잘 어울린다. 옷에 냄새가 배지 않는다는 것이 신기하다.

주소_ 長崎県 対馬市 厳原町 国分 1380
영업시간_ 오전 11:30~14:00 / 오후 17:00~21:00
전화_ 0920-52-5252 (예약제)
Mapcode_ 526 109 836*41

카페 츠무기
紬

다분히 일본스러운 카페로 작고 아담하다. 우리나라에는 거의 없는 미닫이문을 열고 들어가면 아기자기한 내부 인테리어와 기모노에 놀란다.
대부분의 방문객은 런치세트를 먹으러 온 현지인이었으나 소문이 나면서 한국 관광객이 많이 늘어났다.
낮에는 커피와 차를 마시고 저녁에는 맥주를 간단히 마시기에 좋다. 유카타 체험을 신청하면 커피가 무료로 제공된다.(30분에 1,000￥)

주소_ 厳原町國分1361
영업시간_ 11시30분~22시(화요일 휴무)
요금_ 런치메뉴 1,000￥, 커피 400￥,
에그타르트 300￥
전화_ 090-7167-2138
Mapcode_ 526 139 089

루팡
ルパン

이즈하라 시내에서 조금 떨어진 티아라 몰에서 15분 정도 걸어가야 하는 거리여도 여성 여행자가 선호하는 맛있는 빵집이다. 사과가 첨가된 애플파이와 '빵'이라는 뜻의 일본어에 '루'를 붙여 '루팡'이라는 추리소설의 주인공을 연상시키는 재미난 이름을 붙였다.
초코 바나나 빵, 복숭아 크림 빵 등 개성적인 빵들과 피자 등을 판매하는데, 빵과 피자의 도우가 쫄깃하고 촉촉하고 많이 먹어도 물리지 않는 맛이다. 애플파이, 크루아상, 야채 카레빵, 초코 데니슈 브레드가 특히 많이 팔린다.

주소_ 厳原町宮浴236
영업시간_ 08시~19시(월요일 휴무)
요금_ 애플파이210￥, 야채 카레빵130￥,
초코 데니슈 브레드160￥
전화_ 0920-52-8722
Mapcode_ 526 140 871*58

오하시노쿠니
おはしのくに

현지인들이 뽑은 유명한 맛집으로 티아
라 몰에서 걸어서 15분 거리에 위치한 식
당과 이자카야를 겸하고 있다. 점심 인기
메뉴로는 모든 메뉴를 조금씩 맛볼 수 있
는 오토나사마(어른)런치와 각종 튀김이
올라간 텐동(튀김덮밥), 고구마를 원료로
한 면과 닭 육수가 어우러진 대마도 전통
국수 로쿠베 등이 유명하다.
붕장어, 오징어, 피망, 깻잎, 송이, 표고버
섯, 가지, 새우 등의 각종 튀김이 올라간
튀김 덮밥과 바삭한 튀김에 달짝지근한
간장소스를 뿌려 먹으면 밥과 잘 어울리
고 튀김의 느끼한 맛도 덜하다.

오토나사마 런치+소프트 드링크
1. 계란찜 : 부드럽고 간이 적당하다
2. 달걀말이 : 달달함
3. 햄버그 : 고기가 부드럽고 맛이 순하다
4. 고등어구이 : 조금 느끼하지만 짭짤하고 간이 잘 배어 있다
5. 새우, 닭튀김 : 튀김옷이 두껍고 바삭하며 속은 촉촉하고
　　　　　　　부드럽다
6. 카레 : 매운 맛이 전혀 없는 부드럽고 순한 카레(조금 짬)
7. 안닌두부 : 부드럽고 달달한 안닌두부와 새콤달콤한
　　　　　　딸기소스가 어울림

영업시간_ 11시~14시 / 18시~22시
　　　　　　(3~5시는 디저트, 음료만 가능)
요금_ 점심(어른) 980¥ / 나머지 정식 700~1100¥
전화_ 0920-53-5010

센료
千雨

생선회와 이시야키가 유명한 식당으로
저녁식사 이후에는 이자카야를 주로 먹
으면서 술자리까지 이어질 수 있는 음식
점이다. 대마도의 식당들이 대부분 자리
가 크지 않지만 센료는 바와 룸까지 자리
가 넓어 넉넉한 자리에 음식까지 맛있어
현지인들이 추천하는 식당이다. 생선회
와 초밥이 상, 중이 따로 있어 주문을 할
때 정확히 해야 한다. 일본의 회나 초밥이
상, 중, 하로 나뉘는 가격은 양보다는 질
차이라는 사실을 알아야 주문했을 때 실
망하지 않는다. 런치 메뉴는 저렴한 가격
에 초밥을 먹을 수 있어 추천한다.

영업시간_ 11시~14시, 17시~22시
요금_ 런치 1,000¥, 생선회(중)1,250¥, (상) 1,950¥
전화_ 0920-52-4406
Mapcode_ 526 110 877

테랏치
てらっ家

시사이드^{Seaside} 호텔의 정면, 면세점 다리 옆에 있는 작은 간판에 규모도 작은 식당이다. 내부도 간단하게 정돈된 인테리어로 되어 있다. 돼지고기김치볶음 부타기무치, 치킨난반, 닭튀김 가라아게의 메뉴가 있는데 대부분의 맛은 중간정도 수준이다. 저렴한 가격에 24시까지 영업을 하여 술과 같이 먹을 수 있는 장점이 있다.

위치_ 시사이드(Seaside) 호텔의 정면,
　　　면세점 다리 옆
영업시간_ 11시 30분~14시, 18~24시
　　　　　(정기휴일이 정해져 있지 않음)
요금_ 돼지고기 김치볶음 정식 800￥
Mapcode_ 526 139 089

마메다
豆狸

저녁 6시부터 늦은 새벽 1시까지 영업을 하는 식당 겸 술까지 즐길 수 있는 가게로 오코노미야키와 야키소바가 주 메뉴인 식당이다. 대체로 저녁을 먹고 2차로 맥주나 음료를 마시러 오는 곳이다. 오코노미야키를 직접 만들어 먹어야 해서 처음에는 당황하지만 한국어로 된 설명에 따라 하면 어렵지 않다.

위치_ 면세점 뒤 다리 옆
영업시간_ 18시~01시(일요일 휴무)
요금_ 오코노미야키 800￥, 야키소바 700￥
Mapcode_ 526 139 089

시마스토리
Shima Story

오전 11시부터 밤 23시까지 영업하는 카페로 브레이크 타임이 많은 이즈하라의 식당에서 늦은 점심을 먹을 때 찾으면 배를 채울 수 있는 카페이다. 2층까지 넉넉한 공간에서 커피나 차, 토스트 등을 먹을 수 있고 저녁부터 맥주까지 가능한 선술집의 역할도 하고 있다.

즈하라 항을 통해 들어온 관광객이 쉽게 먹을 수 있어 줄을 서기도 한다.

육수가 너무 진해 향이 강하면 먹기 힘들다고 해도 면의 강도부터 육수의 진하기까지 조절이 가능해 한국인의 입맛에 맞는 면이 강하다. 잘 모르겠다면 기본으로 주문하면 맛 때문에 못 먹지는 않을 것이다. 이곳의 또 다른 인기 메뉴는 맛 계란으로 단맛이 강해 아이들에게 인기가 좋다.

위치_ 대마 호텔 뒤 첫 번째 골목
영업시간_ 11시 30분~14시, 18시~재료 소진까지
         (보통 20시 전후)
요금_ 라멘 800¥, 차슈멘 1,000¥, 맛계란 120¥
전화_ 0920-52-8888
Mapcode_ 526 139 089

위치_ 만송각 호텔 건너편
영업시간_ 11시~23시(월요일 휴무)
요금_ 아메리카노 400¥, 허니토스트 500¥,
        생맥주 550¥
Mapcode_ 526 139 089

메시야
めしや

교토잇케이 라멘
京都いっけいら-めん

교토출신의 사장님이 운영하는 라멘 전문점으로 저렴한 가격의 푸짐한 양으로 한국 관광객에게 인기가 높다. 주말에 이

현지인들이 추천하는 맛집으로 당일 들어온 생선으로 회, 구이, 조림 등과 덮밥, 튀김, 전골 등을 만들어 재료가 신선해 기본적인 맛이 나오는 가게이다.

점심식사에 나오는 돈가스, 크로켓 등의

정식 메뉴도 인기가 높다. 22시까지 영업을 하기 때문에 식사와 술을 동시에 할 수 있다.

영업시간_ 11시30분~13시30분,
　　　　　17시~22시(일요일 휴무)
요금_ 저녁 정식 1,500￥, 스테이크 1,300￥
전화_ 0920-52-1778
Mapcode_ 526 139 089

쓰시마 버거 키요
Kiyo

주문을 하면 바로 만들어주는 수제버거로 대마도산 쇠고기와 오징어를 넣은 것이 특징인데, 오징어가 들어간 햄버거는 쓰시마 버거가 유일하다고 한다.
대마도가 속한 규슈 지방의 햄버거라면 미군기지의 영향을 받은 '사세보 버거'가 유명하지만, 주문을 받아 즉석에서 구워주는 쓰시마 버거는 빵 맛을 거의 느끼지

못할 정도로 고기가 두껍고 부드럽다.

영업시간_ 11시30분~19시(휴일 화요일)
요금_ 쓰시마 버거 590￥, 돈짱버거 660￥
전화_ 0920-52-0873
Mapcode_ 526 139 089

토리야스
とりやす

꼬치구이가 한국어로 된 이자카야 메뉴에 단품으로 주문할 수 있어 젊은 여행자에게 인기가 있다. 주문을 하면 구워주는 시스템으로 맥주와 함께 즐길 수 있다. 공간이 작지만 소박한 일본음식을 먹는 즐거움이 있는 가게이다.

위치_ 페밀리마트 편의점 건너편
영업시간_ 18시~23시
요금_ 꼬치구이 119￥, 세트 1,069￥
전화_ 0920-52-7817
Mapcode_ 526 139 089

친구야
ちんぐや

이즈하라 시내 한가운데에 위치한 카페로 간단한 음료와 간식정도를 먹을 수 있다. 저녁부터는 주류와 안주를 파는 이자카야 펍으로 변신한다.

한국인 직원이 있어 편리하게 이즈하라 정보를 제공하고 자전 거 대여와 소액 환전, 원화로 결재도 해준다. 고객용 컴퓨터가 설치되어 있어 인터넷의 이용이 편리하다.

홈페이지_ www.chinguya.co.kr
위치_ Imayashiki Izuharamachi 1051,
817-0021 Tsushima
영업시간_ 10〜24시
요금_ 커피 300〜450￥ 음료 300〜500￥
전화_ 070-7842-3882
Mapcode_ 526 139 089

와타나베 과자점
/와타나베카시호
渡辺菓子舗/渡辺隆号

티아라 몰에서 루팡보다 더 먼 거리에 있지만 대마도의 대표 빵인 가스마키의 원조집으로 알려져 있다. 이즈하라 시민들이 원조집인 가스마키와 모나카 등을 먹기 위해 찾는다. 검고 하얀 앙금이 있는 가스마키는 너무 달라고 하는 관광객도 많지만 하나정도는 매우 달콤하다.

주소_ 厳原町桟原53
영업시간_ 07시〜19시(일요일 휴무)
전화_ 0920-52-0571
Mapcode_ 526 169 384

SLEEPING

토요코 인 호텔
Toyoko Inn Tsushima Izuhara

이즈하라 항에서 도보로 10분 정도의 거리에 있는 유명한 호텔이다. 이즈하라 시내의 중심부에 있어 이즈하라 어디를 가든지 쉽게 찾을 수 있고 티아라 몰 왼쪽 건너편에 위치해 있다.

2017년에 개장한 호텔이라 시설이 깨끗하지만 룸에는 불필요한 생필품들이 없고 꼭 필요한 물품들로만 구비가 되어 있는 작은 방으로 이루어져 있다. 매우 인기가 높아서 미리 예약을 하는 것이 필수이다.

홈페이지_ www.toyoko-inn.kr
주소_ 厳原町今屋敷 771-1
요금_ 싱글 5,900¥~ / 더블 8,000¥~
전화_ 0920-53-6145
Mapcode_ 526 140 091

쓰시마 호텔
Hotel Tsushima

이즈하라를 대표하는 가장 큰 호텔로 관광버스·택시회사도 운영하고 있어, 단체여행의 상담도 받는다. 자전거도 빌려주기 때문에 호텔에서 원스탑서비스를 추구하고 있다. 이즈하라에서 1시간 정도의 거리는 대부분 투어로 관광할 수 있도록 서비스를 진행하고 있고 조식은 뷔페로 운영되고 있다.

홈페이지_ www.hoteltsushima.com

주소_ 厳原町今屋敷 765

요금_ 싱글(조식포함) 6,800¥~,
싱글(조식불포함) 6,000¥~
더블(조식포함) 10,800¥~
더블(조식불포함) 10,000¥~

전화_ 0920-52-7711

Mapcode_ 526 140 064

벨포레 호텔
Hotel Belleforet

패키지 상품에서 많이 숙박하는 호텔로
시설에 비해 가격은 비싼 편이다. 티아라
몰과 가장 가까운 호텔이라 대마도를 처
음으로 방문하는 관광객에게 편리하다.

홈페이지_ www.belle-foret.com

주소_ 厳原町今屋敷 660

요금_ 싱글(조식포함) 8,000¥~
더블 7,500¥~
(방과 침대의 넓이에 따라 숙박요금이 결정)

전화_ 0920-52-1301

Mapcode_ 526 139 147

츠타야 호텔
ッタヤホテル

주변에 음식점이 많은 거리에 있는 편리한 입지로 패키지 투어에서 많이 이용하는 호텔이다. 건물은 낡고 객실도 좋지는 않지만 가격은 저렴한 편이었다.
2016년에 내부시설을 바꾸면서 가격이 조금 상승하였다. 이즈하라 항구에서 가까운 호텔로 직원이 매우 친절하다.

홈페이지_ www.tsushima-net
주소_ 厳原町大手橋 1053
요금_ 싱글(조식포함) 6,900¥~ / 더블 9,800¥~
전화_ 0920-52-0806
Mapcode_ 526 110 756

대아 호텔
大亞ホテル

대마도를 오가는 고속 페리의 대아고속해운 소속의 호텔로 이사리비 공원가 거리가 가깝다. 한국인 직원이 있어 언어의 문제가 없어 편리하다. 바다를 바라볼 수 있는 전망과 공원전망이 있고 이사리비 공원이 옆에 있어 산책도 할 수 있다.

홈페이지_ www.tsushima-net.org
주소_ 厳原町今屋敷 765
요금_ 싱글(조식포함) 6,500¥(토요일 이외),
　　　　　 7,500¥(토요일),
　　　　　 싱글(조식불포함) 5,500¥(토요일 이외),
　　　　　 6,500¥(토요일) 싱글 5,900¥~
　　　　　 더블 8,000¥~
전화_ 0920-52-3737
Mapcode_ 526 140 091

마루야 호텔
MARUYA Hotel

쓰시마 시청과 100m 정도 떨어진 조용한 호텔로 목욕탕(대욕장)을 이용할 수 있다. 룸형태가 침대와 다다미 방에서 선택이 가능하지만 늦게 예약하면 선택권이 없어진다. 향토 요리로 가정적인 분위기를 내는 호텔이다.

홈페이지_ www.tsushima-net.org
주소_ 嚴原町國分 1409
요금_ 싱글(2식) 8,400¥~(비즈니스.소비세입),
　　　10,500¥~(향토 요리), 조식포함 6,300¥~,
　　　조식불포함5,250¥~
전화_ 0920-52-1970
Mapcode_ 526 109 774

이즈하라 호텔
IZUHARA Hotel

이즈하라의 중심부에 위치해 이즈하라의 어디든 쉽게 이동이 가능하다. 한국인이 운영하는 호텔로 건너편에 도요코인 호텔이 위치해 있다. 청결하고 친절한 직원들이 입구에서부터 설명해준다. 신발을 벗고 들어가는 특이한 호텔로 조식이 맛있다.

주소_ 嚴原町今屋敷 650
요금_ 싱글(조식포함) 5,000¥~,
　　　(조식불포함) 4,500¥~
전화_ 0920-53-5055
Mapcode_ 526 140 180

이즈하라 펜션
Izuhara ペンション

2016년 12월에 새로 오픈한 펜션으로 대부분, 소셜커머스에서 쉽게 예약할 수 있는 펜션이다. 이즈하라항구에서 오른쪽 언덕을 올라가면 이사리비 공원과 가까운 해안에 위치해 바다의 전망이 이쁘다.

다만 걸어서 이즈하라 시내로 가기에는 먼 거리이기 때문에 숙박을 하려면 미리 필요한 물품을 구입해야 불편하지 않다. 침대방이 아니고 이불로 된 온돌(한국식 마루 난방법)방 형태이다.

주소_ 厳原町東里 223-8
(쓰시마시 이즈하라 토우사토 223-8)
요금_ 2인(조식불포함) 7,560~11,340¥(소비세 포함)
※주말·평일, 계절, 바다전망은 가격이 변동되므로 확인 요망
전화_ 0920-52-5701
Mapcode_ 526 110 598

민박 오렌지
民宿 オレンジ

한국인이 운영하는 민박으로 항구에서 도보15분 정도의 거리에 위치해 있다. 20~30대의 자유여행자가 주로 숙박하기 때문에 대마도의 맛집과 여행코스도 설계해 준다. 네이버 블로그에서 직접 예약이 가능하다.

주소_ 厳原町大手橋 1088
요금_ 조식포함 4,600¥(부가세 포함),
조식불포함 4,000¥(단체는 각각 500엔 할인)
전화_ 0920-52-8244(070-7592-7080)
Mapcode_ 526 110 848

뷰 호텔 미즈키
ビュ-ホテル観月

이사리비 공원 가는 도중에 있는 있는 호텔로 바다 전망이 아름답다. 하지만 도보로 이동이 어렵기 때문에 패키지투어나 렌트카로 여행하는 고객이 주로 많다. 온돌방으로 호텔의 느낌보다는 여관이 가깝다.

홈페이지_ www.tsushima-net.org
주소_ 厳原町東里 238-12
요금_ 조식포함 4,800￥～(소비세입)
　　　식사는 문의해야 함
전화_ 0920-52-2188
팩스_ 0920-52-2248
Mapcode_ 526 110 836

호텔 카나이시관
ホテル金石館

도요코 인 호텔 뒤편으로 있는 호텔로 츠타야 호텔의 정면에 있다. 이즈하라 시내 중심에 있어 어디든 가기 편리한 호텔이다. 주로 편리한 입지의 비지니스 호텔로 이용되었지만 지금은 패키지 투어가 주고객이다. 자유여행자는 런치뷔페를 제공하여 런치만 푸짐하게 먹으로 가는 여행자도 많다.(숙박료 5% 할인의 비즈니스 패스포트를 발행)

홈페이지_ www.tsushima-net.org
주소_ 厳原町今屋敷 739
요금_ 2식 제공 8,856￥～(향토 요리 등 제공),
　　　조식제공 7,560￥～, 조식불포함 6,696￥～
전화_ 0920-52-0154
Mapcode_ 526 110 694

이츠하라 타운에서 다녀올 수 있는

Izuhara

이즈하라 근교투어

이즈하라 시내에서 이즈하라의 땅끝마을이나 아유모도시 자연공원을 다녀올 때 많이 이용하는 방법이 택시투어이다. 택시회사와 이즈하라 호텔에서 쉽게 예약할 수 있다. 인원이 3명만 되도 상당히 저렴하게 이용할 수 있다.

구타
久田

이즈하라 남쪽으로 다리를 지나가면 처음으로 나오는 구타(久田)는 이즈하라 시내에서 도보로 20~30분정도 소요된다. 버스를 타고 구타역에서 내리면 된다.

오후나에
お船江

이즈하라 항의 남쪽 구타(久田)에 남아있는 옛 에도(江戸)시대 대마도 번주의 선착장으로 현재 돌담은 당시의 원형을 그대로 유지하고 있는 나가사키현 지정 사

적이다. 항해에서 돌아온 배를 격납하거나 수리한 곳이다.

내부에 4곳의 돌출 제방과 5곳의 도크^{dock}가 있는 유적은 1663년에 축조된 것으로 전해지고 있다. 만조에는 많은 양의 바닷물로 채워져 대형 선박도 출입할 수 있었으며, 반대로 간조에는 물이 빠져 화물의 선적 등에 편리하게 되어 있다. 정문, 창고, 번주의 휴식처 등도 남아 있어 당시의 규모를 엿볼 수 있다.

에도시대 해안에 위치한 번은 이러한 선박 격납 시설을 모두 갖추고 있었으나 일본 내에서도 원형이 보존되어 있는 곳은 예를 찾기 어렵다고 한다. 선사시대부터 에도시대까지 오랜 기간 동안 대륙과의 무역에서 무역선을 이용한 대마도만의 특징을 알 수 있다. 전용 선박을 보관하는 것이 원칙이었으나 일정 금액을 받고 일반 서민에게 빌려 주기도 하였다.

Mapcode_ 526 079 197

EATING

G Cafe

이즈하라 구석에 위치한 카페로 카페까지 가는 길목이 상당한 오르막이라 차체가 낮은 차나 초심자는 주의해서 올라가야 한다. 식사와 디저트 메뉴는 전부 직접 만들며 어떤 메뉴를 골라도 평균 이상의 맛을 보장한다.

런치 메뉴는 샐러드, 디저트, 음료까지 포함 되어 있어 가성비가 좋다. 런치메뉴 1번인 그날의 추천메뉴와 오므라이스, 돌가마에 구운 화덕피자, 디저트로는 독일식 팬케이크인 더치베이비 등이 추천메뉴이다.

영업시간_ 오전 11시~6시
매달 1, 4번째 화요일, 3번째 일요일 휴무

쓰쓰
豆酘

쓰쓰는 쓰시마 최남단에 위치한 돌출된 곳(갑)으로 대마도의 땅끝마을이라고 생각하면 이해가 쉽다. 대한해협에서 쓰시마해협으로 돌아들어 오는 곳에 있는데 버스가 하루에 오전에 1대가 있어서 당일투어는 아침 일찍 준비해야 한다.

쓰쓰자키

거친 바다 위에 점점이 떠있는 작은 섬들과 암초들 그리고 바다 저편의 새하얀 등대가 절경을 이루는 곳이다. 쓰시마난류를 타고 북상하는 선박들에게는 항해 위치를 파악하기에 용이한 장소로 이용되고 있으며, 쓰시마 난류의 분기점으로 해류가 빨라 쓰시마의 최북단과 더불어 항해하기 어려운 난코스이기도 하다.

1909년 항로의 안전을 도모하기 위해 곳의 앞바다에 등대를 건설하였으며 현재의 20m높이의 등대는 1987년 새롭게 세워졌다. 해류가 교차하는 지점으로 어종이 풍부하고 성게, 소라, 전복뿐만 아니라 가을에는 방어도 많이 잡힌다.

Mapcode_ 850 335 733

아유모도시 자연공원
鮎もどし自然公園

이즈하라의 남쪽인 쓰쓰에서 다시 더 올라가면 아유모도시 자연공원이 있다. "아유,鮎"는 일본어로 은어라는 뜻으로 은어가 돌아오는 자연공원이라는 이름이다. 세가와 강은 쓰시마에서 제일 높은 산인 야타테야마(矢立山)와 다테라야마(龍良山)에 둘러싸인 우치야마 분지에서 시작된다. 다테라야마 원시림의 산기슭 약 26ha가 아유모도시 자연공원으로 정비되어 있어 산속 깊은 곳까지 수량이 풍부하여 은어가 많이 거슬러 올라 오는 것으로 유명하나, 세가와강의 거친 물살로 인해 상류인 우치야마 지역까지는 올라 오지 못한다.

공원 입구의 주차장에는 이시야네(石屋根,돌지붕) 휴게소가 마련되어 있으며 세가와 강 위에 걸쳐 있는 구름다리에서 강을 내려다보면 계곡 전체가 화강암으로 둘러싸인 웅대한 경관을 감상할 수 있다. 표고 144m의 높이에 마련되어 있는 만남의 광장을 중심으

로 세가와 강의 사면에 스포츠 슬라이더, 잔디 썰매장, 캠프장, 삼림욕장 등이 산책로로 연결되어 있다.

버스를 타고 아자모하마선에서 아유모도시 지역에서 내리면 되는데 어디인지 역의 구분이 쉽지 않다. 그래서 처음에 탑승하면서 기사에게 미리 이야기하면 목적지에 도착할 때쯤 내리도록 말해준다.

Mapcode_ 850 335 733

EATING

란테이
らん亭

대마도 특산물인 고구마로 만든 국수 로쿠베로 이름난 식당 란테이는 이즈하라 지방의 아유모도시 자연공원 근처에 있다. 가장 자연에 가까운 맛을 볼 수 있는 대마도에서 가장 두드러지는 식당 중에 하나로 3대를 이어 영업하고 있다. 수제로 면을 뽑기 때문에 면발의 쫄깃함이 대마도 최고라고 알려져 있다.

주소_ 厳原町内山 53-2
영업시간_ 10시~19시 요금_ 로쿠베 세트 1,000¥
전화_ 0920-57-0889
Mapcode_ 850 520 886

131

엑티비티

등산

산이름	해발	등반시간(왕복)	버스 탑승지
다테라야마	559m	4시간	이즈하라
아리아케	558m	4시간 10분	이즈하라
시라타케	519m	4시간	미쓰시마
죠야마	276m	2시간	미쓰시마
미타케	479m	3시간	가미아가타

바다캬약

무수한 만곡으로 이루어져 잔잔한 수면을 자랑하는 아소만은 초보자도 쉽게 카약을 체험할 수 있다. 손에 잡힐 듯 눈앞에 펼쳐진 아름다운 풍경을 5~10월의 기간에 즐길 수 있다. 특히 5월에는 만개한 진달래가 꿈의 장면을 연출하여 자녀와 데이트를 즐기고 싶을 때 좋다. 대마도의 시라타케, 노코와키암, 와타즈미 신사를 바다에서 볼 수 있다.

▶ 쓰시마 에코투어 0920-54-3595 / 쓰시마카약스 090-4981-5064

	3시간 코스	1일(6시간) 코스	2일 코스
요 금	¥6,500	¥10,000	요금 별도 문의
내 용	아소만 씨카약 투어링	아소만 씨카약 투어링	1일:아소만 씨카약 투어링 2일 : 스쿠버 다이빙
포함사항	카약 대여비, 가이드비, 보험	카약 대여비, 점심 식사, 가이드비, 보험	카약 대여비, 점심 식사, 입장료, 가이드비, 보험

해수욕장

대마도에서 여름휴가를 즐기려는 가장 좋은 방법은 무엇일까? 가족여행으로 가는 좋은 방법은 없을까? 이 질문에 대한 답은 해수욕장과 캠핑장일 것이다. 대마도는 인구수가 적고 아이의 숫자는 더욱 적기 때문에 해수욕장이나 캠핑장 등을 사용할 때 마치 나만의 해변처럼 전용해변으로 즐기는 기분도 낼 수 있다.

낚시

A_ 슈시만 : 부사리, 벵어돔, 방어, 전갱이 (3~12월)
B_ 오우라만 : 도미, 벤자리, 전갱이, 독가시치(3~6월/8~10월)
C_ 사스나만 : 새끼 참다랑어, 가다랑어, 부서리, 벵어돔(4~10월)
D_ 미네만 : 가다랑어, 방어, 부시리, 벵어돔(3~6월)
E_ 사카우라 : 벤자리, 참돔, 벵어돔, 쏨뱅이, 독가시치, 전갱이(3~6월/9~12월)
F_ 나가사키바나 : 쏨뱅이, 돌돔, 벵어돔, 옥돔(3~6월)
G_ 아소만 : 도미, 벤자리, 보리멸, 공미리, 전갱이, 벵어돔(연중)
H_ 간자키등대 밑 : 벵어돔, 쏨뱅이, 도미, 돌돔, 방어(6~10월)
I_ 오카지바나 : 벵어돔, 돌돔, 감성돔, 독가시치, 쏨뱅이(6~10월)
J_ 고모다하토 : 독가시치, 감성돔, 농어, 방어, 부시리, 벵어돔(10~12월)
K_ 쓰쓰자키 : 감성돔,독가시치, 방어, 도미, 벵어돔, 농어, 부시리 (6~9월)

스쿠버다이빙

자연이 잘 보존된 맑은 바다 속을 볼 수 있는 대마도의 바다는 스쿠버다이버들에게 천국과 같다. 쓰시마난류가 흐르고 있어 열대의 바다에서 볼 수 있는 화려한 컬러의 어류와 산호 군락, 해저 지형 등 매력이 가득한 바다를 즐길 수 있다.
▶ 죠죠 0920-52-5011 / 아비스(abyss) 080-3900-0677

승마체험

가미아가타(上県町)지방의 니타(仁田)에 위치한 마사공원에서 승마체험을 하고 있다. 대마도 말은 일본 고유종으로 몸집은 작지만 힘이 세고 성격도 온순해 사랑받아 왔다.

Mitsushima

미쓰시마 / 三ッ島

간략하게 미쓰시마 이해하기

대마도의 북섬과 남섬을 이어주는 만관교가 있는 미쓰시마는 아소만을 볼 수 있는 곳이다. 아소만은 대마도의 하롱베이라고 불리고 있는 리아스식 해안으로 하천의 침식을 받은 곳이 물에 잠겨 생겨 해안선이 복잡하고 복잡한 해안선의 영향으로 물이 잔잔하고 양식 등에 좋다. 예부터 삼국시대부터 조선까지 한반도를 향해 출항하는 배들은 아소만에서 출발하고 도착하였다.

미쓰시마는 공항과 대마도 병원이 위치한 중요한 곳이다. 대마도 공항인 야마네코 공항에서 후쿠오카를 오가는 비행기가 매일 4~5편 운항하고 있다. 미쓰시마 시내는 북쪽의 만관교와 떨어져 있는 것도 알고 있는 것이 여행하는 데에 도움이 된다. 규슈 100산에 포함되기도 했던 대마도에서 가장 높은 산인 시라타케는 해발 519m로 대마도를 동서남북방면으로 전망을 볼 수 있다.

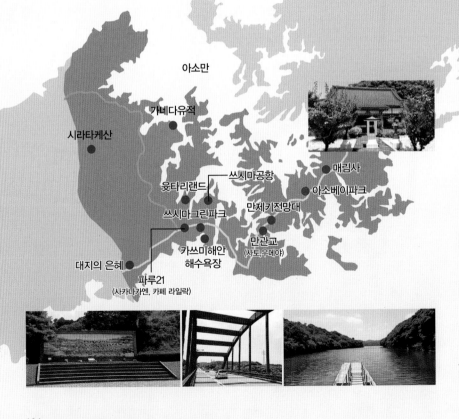

아소만

가네다유적

시라타케산

매림사

윗타리랜드

쓰시마공항

아소베이파크

쓰시마그린파크

만제키전망대

만관교
(사토 우메야)

카쓰미해안
해수욕장

대지의 은혜

파루21
(사카나카엔, 카페 라일락)

만관교
萬關橋

1900년, 일본해군이 함대의 통로로써 인공적으로 만든 해협에 다리를 세웠으며 만관교로 인해 둘로 나누어진 대마도를 이어주는 교통의 요지가 되었다. 1900년, 옛 일본해군에 의해 건설된 철교로 길이 100m, 폭 5.5m, 높이 약 36m로 완성되었다가 1956년에 지금의 아치형 철교 모습으로 바뀌었다.

길이 약 81m, 폭 5.5m, 높이 약 30m다리의 완성으로 버스가 섬을 연결하는 중요한 교통수단이 되기 시작했다. 1996년에 전체 길이 210m, 폭 10m. 섬 전체의 도로망도 정비되어 남북을 연결하는 심리적 거리도 점차 가까워졌다.

만관교에서 바다의 조류를 보면 소용돌이를 치듯이 바닷물의 모습을 볼 때가 있다. 만조 때의 조류는 여러 겹의 소용돌이를 만들어 다리 위에서 바라보는 경관은 압권이다.

주소_ 美津島町久順保
위치_ 이즈하라 행 버스 만제키역에서 하차
Mapcode_ 526 478 212

만제키전망대
万関展望台

쓰시마의 두 섬을 잇는 만관교와 리아스 식해안 아소만을 동시에 볼 수 있는 유일한 전망대로, 주차장에서 전망대 건물까지 몇 개의 계단만 오르면 두 가지의 멋진 전망을 한눈에 즐길 수 있다.

주소_ 美津島町久順保
위치_ 이즈하라에서 만관교를 지나 왼쪽에 보이는
　　　 상점방면 오르막길
Mapcode_ 526 477 739

아소베이파크
ぁそうベイパーク

상당히 큰 공원으로 대마도를 대표하는
공원으로 각광을 받고 있다. 캠핑장, 생태
공원, 골프장, 광장, 전망대, 말타기까지
다양하게 구성된 공원이다. 캠핑장과 다
양한 시설이 함께 있어 가족 단위의 관광
객이 주로 찾고 있다.

홈페이지_ asoubaypark.com
주소_ 美津島町大山 584-1
위치_ 이누보에 입구에서 하차(아소베이파크를 이야
　　기하면 기사가 세워줌)
영업시간_ 09시~18시(여름은 19시까지)
Mapcode_ 526 507 660

쓰시마그린파크
& 카쓰미 해안 해수욕장
対馬グリーソパーク

길을 따라 운전을 하면 대마도는 간판이 작아서 지나치는 경우도 있다. 이곳은 오른쪽의 아울렛 뒤에 위치해 있다. 쓰시마 그린파크에는 쓰시마 특산물인 가리비 조개모양의 지붕을 얹은 야외무대, 쓰시마 미니어쳐, 전망대, 테니스 코트, 야구장(다목적 광장), 대형 미끄럼틀,야외 잔디밭 등의 시설이 갖추어져 있다. 안쪽으로는 인공 모래 해수욕장과 샤워실, 탈의실 등이 완비되어 있어 무료로 이용할 수 있다.

미쓰시마 해수욕장을 들어가는 처음 입구는 쓰시마 그린파크가 나온다. 이곳에는 잔디구장과 다양한 놀이기구가 있어서 해수욕을 하고 나서 그린파크의 놀이기구에서 즐기면 자녀가 아주 좋아하는 하루 피서가 될 수 있다.

에메랄드 바다 빛이 반원을 그리며 초승달 모양의 해안은 정말 아름답다. 고운 모래와 북적이지 않는 해안에서 한적하게 즐길 수 있다. "여기는 공공장소입니다. 쓰레기는 가지고 갑시다."라는 한글로 된 문구가 당황하게 만든다. 공중도덕을 지키는 자세는 필요하다.

주소_ 美津島町鷄知乙 324-1
위치_ 대마도 공항 역에서 하차 후 오른쪽 건너편
전화_ 0920-54-2501
Mapcode_ 526 384 853

오후나코시 & 고후나코시
大船越 & 小船越

후사코스는 '배를 넘겨버린다'라는 뜻으로 예부터 있었던 작은 포구였던 곳으로 지금은 호수같은 분위기를 연출한다.
382번 도로를 따라 미쓰시마 시내를 지나 만관교가 나오기 직전의 왼쪽으로 코너를 돌면 나오는 곳이다.

Mapcode_ 526 417 108

소아루 리조트
Soar Resort

대마도에서 가장 최신의 리조트 호텔로 핫한 숙소이다. 2018년 2월에 오픈한 대마도의 리조트 호텔인 소아루 리조트는 전체 60개의 객실이 화실 타입으로 이루어져 있다. 대나무 향이 은은하게 풍기는 객실은 깨끗하고 대마도에서는 보기 드문 온천시설을 보유한 호텔로 유노하나 성분의 인공온천은 혈액순환과 피부미용에 효과가 좋다.
대마도 최대 규모의 레스토랑에서 해산물 바베큐를 즐길 수 있고, 일본 큐슈 지역에서 가장 유명한 소주를 비롯하여, 대마도에서 역사가 깊은 카와치주조의 수조, 청주도 판매하고 있어 바베큐와 함께 술을 즐길 수 있다. 이즈하라에서 송영서비스를 이용도 가능하니 대마도 관광 후 깔끔한 객실과 잘 갖춰진 욕탕에서 피로를 풀고 싶은 이들에게 추천한다.

인공온천은 대욕장과 노천탕을 5시30분~9시와 17~21시까지 이용할 수 있다. 천연미네랄을 함유하여 혈액순환에 좋고 각종 통증 완화와 피부질환 개선에 효능이 있다고 한다.

대마도 공항(対馬空港)에서 택시나 자가용으로 약 15~20분 정도 소요되며 이즈하라항(厳原港)에서는 자가용으로 약 27분정도(국도 382호선 경유), 히타카츠항(比田勝港)에서는 약 1시간 40분정도(현도 39호선을 지나 국도 382호선 경유) 소요된다.

소아루 리조트를 이용하는 코스

①해수욕 코스
이즈하라 시내(티아라몰 앞) 출발 13:30
→ 그린파크 해수욕장 도착 14:00
그린파크 해수욕장 출발 15:30 → 사이키 벨류마트 도착 15:40 / 출발 16:20 → 소아루 리조트 도착 16:30

②시내 픽업 코스
이즈하라 시내(티아라몰 앞) 출발 13:30
→ 소아루 리조트 도착 17:30
소아루 리조트 출발 09:30 → 이즈하라 시내(티아라몰 앞)

매림사
梅林寺

538년 백제의 성명왕 때, 불상과 경전을 가지고 온 사절이 가건물을 지어 불상과 경전을 안치하였고, 그 후에 절을 건립하면서 절의 역사가 시작되었다. 15세기까지 절의 이름은 알려져 있지 않으며, 1441년~1444년 사이부터 바이린지라고 불리게 됐다고 한다.

1443년 계해조약이 맺어진 후, 조선으로 가는 배는 도항허가증을 발급해 주었는데 대마도 도주의 도항허가증을 발급할 정도로 절의 힘은 대단했다.

주소_ 美津島町鶏知乙 382
전화_ 0920-55-0369
Mapcode_ 526 628 475

가네다성 유적
金田城 城山

663년 백촌강 전투에서 나당연합군에 패배한 일본군이 일본 국방의 최전방이 된 쓰시마에 신라의 진출을 막기 위해 축조한 성이다. 아소만 남부 해안의 죠야마(城山)에 667년 11월 축조되었다. 표고 256m의 산 정상에서 서쪽 대한해협이 한눈에 들어와 대외 방어 기지로써는 최적의 조건을 갖춘 곳이다.

산 정상은 천연 그대로의 절벽이며, 그곳에 성벽의 잔해가 남아 있다. 산 정상을 기점으로 능선을 따라 축조되어 있고 3개의 계곡을 감싸 안는, 조선식 산성의 형태를 띠고 있다. 높이 2~3m, 길이 5.4km의 성벽 흔적이 멀리서도 보인다. 이 형태는

위치_ 가네다 성터 입구에서 약 60분 정도 소요
Mapcode_ 526 438 858

665년 8월에 세워진 치구젠(筑前,후쿠오카현의 북서부)의 오노(大野)성, 히젠(肥前,사가현과 나가사키현)의 기(椽)성과도 동일한 형태이다. 나가사키현 내에서는 최초로 1982년 국가특별사적으로 지정됨과 동시에 보존 관리 계획이 책정되어 오늘에 이르고 있다.

시라타케
白嶽山

대마도 시민에게 영산으로 알려져 있어 현지인들도 많이 찾는 산이다. 정상까지 약 3시간 정도 소요되며 내려올 때는 약 1시간 30분~2시간 정도 소요된다. 정상에서 보는 산은 몇 천미터정도 되는 높은 산을 오른 느낌이 들 정도로 주위는 원시림으로 둘러싸여 있다. 예부터 신라산이라고 불리던 것이 시간이 흘러 '시라타케'라고 불리게 되었다는 설이 있다.

위치_ 티아라 몰에서 시라타케 행
Mapcode_ 526 348 795

윳타리랜드 쓰시마
晹多里ランドつしま

대부분의 온천을 이용하는 고객은 단체 패키지 관광객이다. 해수온천으로 대마도에서 유일한 온천으로 사용한 후에 피부가 미끌미끌거리는 느낌이 좋다고 이야기한다. 온천을 이용하고 식당에서 점심까지 보낸 후에 바로 히타카츠로 이동한다. 단체 관광객이 들어오면 대단히 붐비기 때문에 아침일찍이나 저녁에 사용해야 여유롭게 온천을 즐길 수 있다.

주소_ 美津島町鶏知乙 1168-1
위치_ 쓰시마 병원역에서 하차
영업시간_ 11~21시(화요일 휴무)
요금_ 성인800￥, 70세 이상과 초, 중학생 500￥,
　　　어린이 무료
전화_ 0920-54-3336
Mapcode_ 526 413 675

다마노유
眞珠の湯

쓰시마 그랜드호텔 정면에 위치한 1996년에 생긴 대마도 최초의 온천이다. 작고

낡은 시설이지만 가격이 저렴해 자유여행객이 주로 이용한다. 알칼리 온천으로 다양한 효능을 가지고 있다고 알려져 대마도민에게 인기가 높다.

주소_ 美津島町鶏知甲 41-10
위치_ 다카하마역에서 내려 20~25분 정도 걸어감
영업시간_ 10시~22시(월요일 휴무)
요금_ 성인 400￥, 70세 이상 250￥,
　　　초, 중학생 150￥
전화_ 0920-54-9100
Mapcode_ 526 323 567

파루
パル21

낡은 시설이지만 가격이 저렴해 자유여행객이 주로 이용한다. 알칼리 온천으로 다양한 효능을 가지고 있다고 알려져 대마도민에게 인기가 높다.

주소_ 美津島町鶏知乙 387-11
위치_ 다루가하마 역 하차 후 도보 10분
영업시간_ 09시30분~20시(연중 휴무)
전화_ 0920-54-2621
Mapcode_ 526 383 710

EATING

사토
SATO

만제키 전망대를 올라가는 건너편의 주
차장에 있는 큰 식당이다. 깨끗한 내부와
바다가 보이는 풍경으로 창가자리가 인
기가 높다. 돈짱과 참다랑어가 원료인 사
이코로 스테이크가 정말 맛있다.
한국어 메뉴가 없는 것이 흠이지만 사진
으로 충분히 알 수 있고 물어보면 친절히
답해준다. 왼쪽에는 우메야 식당이 같이
있다.

주소_ 美津島町久須保 661-3
영업시간_ 11시~21시(주로 목요일 휴무,
　　　　　　부정기로 쉬는 경우도 있음)
요금_ 사이코로 스테이크 1,000￥, 돈짱 1,240￥
전화_ 0920-54-2009
Mapcode_ 526 477 478

우메야
うめや

사토 왼편에 있는 다코야키 전문점으로 오코노미야키와 음료 등의 먹거리를 판매하는데 외부에만 테이블이 있어서 여름에는 상당히 더운 상태에서 먹어야 하는 불편함이 있다.

다행히 목요일에 사토가 휴일이어도 쉬지않기 때문에 목요일에 유일하게 식사를 할 수 있는 식당이다.

주소_ 美津島町久順保 661-3
영업시간_ 10시~18시(부정기 휴일)
요금_ 다코야키(6개) 270￥, 오코노미야키 470￥
전화_ 0920-54-3785
Mapcode_ 526 477 478

사카나야 엔
肴や えん

382번 도로로 이즈하라에서 히타카츠로 이동하다가 쓰시마 그린파크 입구로 들어가기 바로 전에 위치한 인기 식당이다. 주로 가족고객이 많고 휴일에는 자리가 없을 정도로 인기가 높다. 한국어 메뉴판은 없지만 사진이 입구에 나와 있어 메뉴를 정하는 것은 어렵지 않다. 엔 정식과 치킨에 소스가 있는 치킨난반 정식이 인기가 높다.

주소_ 美津島町鷄知乙 332-1
영업시간_ 11시~15시, 17시~22시(월요일 휴무)
요금_ 엔 정식 1,600￥, 치킨 난반 정식 1,080￥
전화_ 0920-54-5081
Mapcode_ 526 414 006

카페 라일락
カフェライラック

382번 도로와 179번 도로가 만나는 삼거리에 위치한 카페로 레스토랑도 같이 겸하고 있다. 도로 옆에 있어 주차가 쉬워 자동차 여행에 적합한 카페이지만 렌트카로 이동하다가 그냥 지나가는 경우가 많으니 근처에 오면 속도를 줄이면서 지나가야 들어갈 수 있다. 간단한 커피와 간단한 먹거리가 좋고 식사는 주문하지 않는 것이 좋다. 일본어가 서투르면 주문이 힘들기 때문이다.

주소_ 美津島町鶏知乙325-2
영업시간_ 11시~21시(화요일 휴무)
요금_ 케이크 세트 600¥, 짬뽕 880¥
　　　 스테이크 정식 2,500¥
전화_ 0920-54-5000
Mapcode_ 526 414 035

대지의 은혜
石窯パン工房大地のめぐみ

이즈하라 초입에 위치한 빵집으로 히타카츠에서 이즈하라 버스로 이동 시 잠깐 들려 간단히 요기하기에 좋다. 빵 종류도 많고 가격도 적당해 구운 빵은 쫄깃하고 고소하며, 크림의 단 맛도 적당하며 고로케류는 속이 촉촉하고 부드럽다.

주소_ 美津島町鶏知乙520-38
영업시간_ 오전 10시 30분~19시
전화_ 0920-86-2254

야스라기
やすらぎ

만관교와 전망대 사이에 있는 버스 정류장에 위치해 있는 식당으로 운하의 바다 전경을 볼 수 있다. 내부는 우리나라의 옛 다방 느낌으로 식사보다는 잠시 쉬어가기 위해 찾는다. 렌트카로 가려면 지나치기가 쉬워 만관교를 지나면 천천히 이동하면서 들어가는 입구를 찾아야 한다.

주소_ 美津島町鶏知乙 663
위치_ 만제키역에서 하차
영업시간_ 11시~20시(2, 4째주 목요일 휴무)
전화_ 0920-54-2964
Mapcode_ 526 477 539

SLEEPING

쓰시마 그랜드 호텔
対馬グランド ホテル

대마도에서 가장 유명한 리조트로 알려져 있지만 럭셔리 리조트는 아니다. 멋진 경관을 지닌 호텔과 대마도 최초의 온천인 다마노유가 앞에 있어 온천과 숙박, 식사까지 같이 할 수 있는 곳으로 유명하

다. 레스토랑에서 아름다운 전경을 보면서 먹는 빵도 매우 맛있다.

주소_ 美津島町鶏知甲 341-10
위치_ 다루가하마 역 하차
영업시간_ 1인 13,110¥(조식 포함)
전화_ 0920-54-9100
Mapcode_ 526 323 599

호텔 코쿠인
ホテル空港イン

쓰시마 공항과 가까운 호텔로 공항을 이용하기 위해 주로 이용하는 관광객이 많다. 오래된 호텔로 여관수준에 담배냄새가 심해 방을 교체해 달라고 했을 정도이다. 마치 옛 영화를 촬영하면 좋을 분위기의 호텔이다.

주소_ 美津島町鶏知乙 362
위치_ 다루가하마 역 하차
영업시간_ 1인 4,860¥(조식 불포함),
　　　　　　5,616¥(조식포함)
전화_ 0920-54-3329
Mapcode_ 526 383 626

고수의 쇼핑 잘하기

1. 한국에도 판매한다며 쇼핑을 하다가 비싼가를 되생각하며 그냥 돌아와서 속이 쓰릴 수도 있다. 글로벌한 시대에 대한민국에서도 일본에서 본 상품은 대부분 구입할 수 있다. 하지만 가격은 2배 이상은 비쌀 거기 때문에 비싸지 않은 상품은 그냥 구입하는 것이 낫다.

2. 대마도를 여행하기 전에 대략적인 쇼핑 리스트는 블로그에서 찾아서 오는 게 바람직하다. 너무 많은 리스트는 필요 없지만 필요한 상품은 알고 온다면 알뜰한 쇼핑이 가능하다. 이것저것 같이 여행 온 사람들이 산다고 사지 않는 것이 좋다. 그렇게 많이 사가도 대부분이 쓸모없이 남아있어 결국 비싸게 구입한 결과가 생겨난다.

3. 똑같은 일본상품을 어디서 사느냐에 따라 가격이 다르다. 한 가지 상품 아이템을 대량 구매할 생각이라면 밸류마트나 티아라몰, 면세점을 돌아다니며 가격을 비교한 후에 사는 것이 좋다. 하지만 대부분은 많이 살 게 아니라면 굳이 시간과 발품을 팔아가며 비교한 후에 사기보다 가까운 마트나 면세점에서 구입하는 것이 낮다.

4. 부모님 선물은 동전파스만한 것이 없다. 혈자리에 붙이기만 해도 피로가 풀리기 때문에 어르신용 선물로 좋다. 여행 중 힘든 당신의 다리를 풀어주는 제품은 휴족시간이 매우 좋은 효과를 낸다.

① 이사리비노유(漁り火の湯)

누구나 이용이 가능한 무료 족욕탕으로, 이즈하라 항구 언덕에 위치해 있다. 오징어잡이 어선의 불빛(이사리비,漁り火)들이 이루는 아름다운 야경을 감상할 수 있어 풍경도 아름답 다. 넓은 잔디광장과 놀이시설이 갖추어져 있는 이사리비공원도 있어 주말에는 붐빈다.

▶이용시간 : 4월~11월 (09:30~20:00)

② 다마노유(眞珠の湯)

1996년 개업한 쓰시마 최초의 온천으로 미쓰시마 지방의 그랜드호텔 입구에 위치해 있다. 알칼리온천으로 신경통, 근육통 등에 효과가 있다고 한다.

▶이용시간 : 10:00~20:00(매주 월요일 휴관)

▶요금 : 70세 이상 ¥250 / 일반 ¥400 / 초중학생 ¥150(입욕세 포함)

▶전화 : 0920-54-2391(일본어로만 문의 가능)

③ 윳타리랜드 쓰시마(湯多里ランドつしま)

최근에 개관한 온천으로, 대욕탕(노천탕, 사우나, 약탕), 타라소 테라피, 가족탕 과 트레이닝룸, 휴게실, 레스토랑 등 최신시설을 갖추고 있어 가족단 위의 온천객에게 추천한다. 온수 풀장(별도 요금)시설이 있어 어린 이들로 좋아한다.

▶이용시간 : 11:00~21:00(매주 화요일 휴관)

▶요금 : 70세 이상 ¥500 / 일반 ¥800 / 초중학생 ¥500
　　　　가족탕 ¥2,000(1시간 한정, 입욕세 별도)

▶전화 : 0920-54-3336(일본어로만 문의 가능)

④ 호타루노유(ほたるの湯)

미네마치에 위치한 온천으로 2005년 3월에 개관하 였다. 남녀 대욕탕, 사우나, 가족탕, 족욕탕 등의 탕과 내부가 대마도 특산품인 삼나무로 꾸며 져 있어 이국적인 분위기를 자아낸다는 소 문이 나면서 인기를 끌고 있다. 특히 패키 지 투어에서 자주 방문한다.

▶이용시간 : 13:00~21:00 (매주 화·금요일 휴관)

▶요금 : 70세 이상 ¥300
　　　　고등학생이상 ¥450 / 초중학생 ¥150 / 가족탕 ¥1,500 (1시간 한정)

▶전화 : 0920-83-0313(일본어로만 문의 가능)

호타루노

윳타리랜드 쓰시마 **③**

②
다마노유

382

B

① 이사리비노유

♨⑤ 나기사노유

⑤ 나기사노유(渚の湯)

가미쓰시마 마치 미우다 해
수욕장에 위치해 있으며
2004년 2월 오픈하였다. 바다를
조망할 수 있는 노천탕과 대욕탕을
비롯하여 사우나, 전신마사지가 가능한

제트바스와 월풀 욕탕, 탈의실과 휴게실 등 각종 최신시설이 완비 되어 있다.

▶ 이용시간 : 10:00~21:00(매주 월요일 휴관)
▶ 요금 : 70세 이상 ¥350 / 고등학생이상 ¥600 / 초중학생 ¥250
▶ 전화 : 0920-86-4568(일본어로만 문의 가능)

온천 이용 주의사항

1. 온천에 들어갈 때는 남탕, 여탕을 확인하고 들어가야 한다. 남탕과 여탕이 시간과 날짜에 따라 바뀌는 경우가 있기 때문에 확인하는 습관을 들여야 한다. 일반적으로 남탕은 청색, 여탕은 빨강색의 천이 드리워져 있고 남(男)과 여(女)의 한자가 적혀 있다.
2. 수건이나 샴푸는 비치되지 않는 곳이 많아서 미리 준비해 가는 것이 좋다.
3. 수건은 위생상 욕탕 안에 가지고 들어가는 것이 금지되어 있어서 욕탕 옆에 두는 것이 좋다.
4. 욕탕에서 크게 떠들지 말고 조용히 온천을 즐기고 대화는 작은 목소리로 한다.
5. 욕탕에 들어가기 전에 몸을 깨끗이 씻고 탕 속에 들어가야 한다. 빨래도 하지 말고 때를 미는 것도 일본에서는 하지 않아야 한다. 작은 수건이나 타올을 이용해 비누 거품만으로 몸을 씻는 것이 일반적이다.
6. 온천이용은 식사 전 1시간 이상 이용하는 것이 좋고 고혈압이나 심장질환이 있다면 온천탕 안에서 5분 이상 넘기지 않도록 하고 탕에서 나와 휴식을 취하고 다시 들어가는 것이 좋다.
8. 사용 후에 자신의 자리에 있던 바가지나 의자 등은 정리하고 나가도록 한다.
9. 온천이 끝나면 온천 성분이 남아 있도록 그대로 말리는 것이 좋다. 9. 탈의실과 욕탕, 노천탕에서 사진 촬영은 금지 되어 있다.

Kamithushima
Hitakachou

가미쓰시마 · 히타카츠/ 比田勝

대마도 여행 잘하는 방법

1. 도착하면 관광안내소를 가자
어느 도시가 되도 도착하면 해당 도시의 지도를 얻기 위해 관광안내소를 찾는 것이 좋다. 방문기간에 이벤트나 변화, 각종 할인쿠폰이 관광안내소에 비치되어 있을 수 있다.

2. 버스 투어를 활용하기
대마도는 현지인들도 버스를 많이 이용하지 않기 때문에 버스가 자주 편수가 없어서 버스로 여행하기에는 불편하여 렌트카를 이용하는 것이 좋지만 운전면허가 없다면 버스투어를 활용해도 여행하기가 불편하지 않다. 다만 너무 많은 관광지를 보려고 한다면 제한이 있을 수 있다.

3. '관광지 한 곳만 더 보자는 생각'은 금물
대마도는 쉽게 갈 수 있는 해외여행지이다. 물론 사람마다 생각이 다르겠지만 평생 한번만 갈 수 있다는 생각을 하지 말고 여유롭게 관광지를 보는 것이 좋다. 한 곳을 더 본다고 여행이 만족스럽지 않다. 자신에게 주어진 휴가기간 만큼 행복한 여행이 되도록 여유롭게 여행하는 것이 좋다. 서둘러 보다가 지갑도 잃어버리고 여권도 잃어버리기 쉽다. 허둥지둥 다닌다고 대마도를 한 번에 다 볼 수 있지도 않으니 한 곳을 덜 보겠다는 심정으로 여행한다면 오히려 더 여유롭게 여행을 하고 만족도도 더 높을 것이다.

4. 아는 만큼 보이고 준비한 만큼 만족도가 높다
대마도의 관광지는 대한민국과 관련된 유적도 많고 역사와도 긴밀한 관련이 있다. 그런데 아무런 정보 없이 본다면 재미도 없고 본 관광지는 아무 의미 없는 장소가 되기 쉽다.
1박 2일이어도 역사와 관련한 정보는 습득하고 대마도여행을 떠나는 것이 준비도 하게 되고 아는 만큼 만족도가 높은 여행지가 대마도이다.

5. 에티켓을 지키는 여행으로 현지인과의 마찰을 줄이자
현지에 대한 에티켓을 지키지 않든지 몰라서 우리나라 관광객이 늘어나고 있지만 대한민국에 대한 인식이 좋지 않아지고 있다. 대마도는 제주도 같은 느낌을 갖게 된다. 제주도에 중국인 관광객이 엄청나게 늘어나면서 수입이 늘어나는 것은 좋지만 각종 사고와 무질서 등으로 중국인 관광객에 대한 시선이 나빠졌다.
똑같이 대마도에서 일본인도 우리나라 관광객을 똑같은 시선으로 보는 경향이 생기지 않을까 걱정스럽기도 하다. 특히 일반적인 여행이 아닌 자전거 라이딩이나 낚시 같은 경우 대마도의 알려지지 않은 장소를 가게 되다보니 현지인과 마찰이 생기곤 한다.
일본의 대마도로 여행하기 때문에 일본의 에티켓을 지켜야 하는 것이 먼저다. 또한 공중도덕을 지키지 않아 문제가 되는 사항이 늘어나는 것은 자제해야 한다.

머니 & 쇼핑 트렌드(Money & Shopping Trend)

부산에서 이동시간이 이즈하
라보다 가깝고 가격이 저렴하
여 히타카츠로 입국하는 관광
객이 늘어나고 있다. 히타카츠
에서 쇼핑을 하면서 신용카드
는 사용이 대부분 가능하다.
하지만 여객터미널에서 나오
자마자 식당에서 점심을 하려
고 하면 현금이 필요하다. 되
도록 여객터미널의 ATM에서
인출해 사용해야 한다.

그래서 2일 정도의 현금(대략
10~20만 원 정도)사용을 미리 판단하여 엔(¥)화로 환전해 오는 것이 편리하다. 쇼핑은 1박
2일로 이즈하라를 다녀온다면 이즈하라에서 쇼핑을 하는 것이 더 저렴하고, 히타카츠 여
객터미널 정면의 마트에서 대부분 마지막 쇼핑을 하고 페리에 탑승한다.

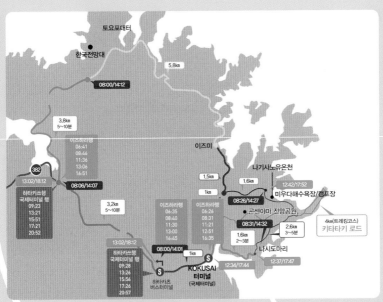

토요포대터
한국전망대
5,8km
08:00/14:12
3,8km
5~10분
이즈하라행
06:41
08:46
11:36
13:06
16:51
이즈미
나가사노우온천
12:42/17:52
1,5km
미우다해수욕장/캠프장
1,6km
1km
08:26/14:27
(382)
13:02/18:12
08:06/14:07
하타카쓰행
국제터미널 행
09:23
13:21
15:51
17:21
20:52
3,2km
5~10분
이즈하라행
06:35
08:40
11:30
13:00
16:45
이즈하라행
06:26
08:31
11:21
12:51
16:35
08:31/14:32
고센야마 전망공원
4km(트레킹코스)
키타타키 로드
1,6km
3~5분
2,6km
13:02/18:12
08:00/14:01
1km
KOKUSAI
터미널
(국제터미널)
1,6km
2~3분
나시도마리
하타카쓰행
국제터미널 행
09:28
13:26
15:56
17:26
20:57
S
하타카츠
버스터미널
S
12:34/17:44
12:37/17:47

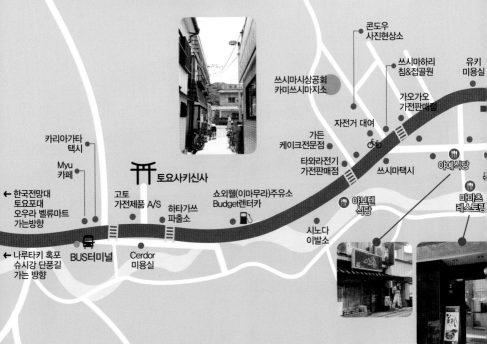

콘도우
사진현상소
쓰시마하리
침&접골원
유키
미용실
쓰시마시상공회
카미쓰시마지소
가오가오
가전판매점
자전거 대여
야혜식당
가든
케이크전문점
카리아가타
택시
타와라전기
가전판매점
쓰시마택시
Myu
카페
토요사키신사
마마초
레스토랑
← 한국전망대
토요포대
오우라 벨류마트
가는방향
쇼외웰(이마무라)주유소
Budget렌터카
야보텐
식당
고토
가전제품 A/S
하타가쓰
파출소
시노다
이발소
← 나루타키 혹포
슈시강 단풍길
가는 방향
BUS터미널
Cerdor
미용실

유유렌터가

이세야 식당

쓰시마호텔 프라자
레스토랑

卍 호만지

MADO

쇼렌지
卍

처쯔 식당

AMASE
아이스크림&드링크

AMASE
전기상회

히토츠바타고
렌트카

cope
미용실

히타카츠항
국제터미널(부산행)

히타카츠물산관
기념품점

카이칸 식당

야마다전기
가전판매점

오카와건설

쓰시마버거

WA
커피숍&레스토랑

마토
콘피라,에비스 신사

소비세면세점

시지마
장품점

우네노
이발소

포엠
베이커리

라야마
의류점

미나토스시 식당

히토츠바타고 식당

점

오오시마
가전제품A/S

투스시

키와무라
CD&시계점

간략하게 히타카츠 이해하기

부산과 히타카츠로 이동하는 페리가 대마도를 처음으로 여행하는 관광객들이 찾는 항구로 규모가 작은 것을 보고 실망하기도 한다. 주말이나 성수기에 늦게 입국심사를 마치고 나오면 점심시간 때라서 식당은 항구에서 가까운 곳부터 관광객으로 자리가 차게 된다.
히타카츠는 남북으로 흐르는 실개천 왼쪽으로 중심도로가 자리잡고 있다. 이 도로에 많은 마트와 식당, 자전거를 빌려주는 가게들이 즐비하다. 왼쪽으로 나 있는 도로가 39번 도로로 슈시 단풍길, 만관교를 지나 이즈하라로 이동할 수 있다. 왼쪽으로 이동하다가 추성훈의 사진이 나온 광고가 보이면 히타카츠가 끝나는 지점으로 판단해도 된다. 아래로는 주유소까지가 시내의 구분지점으로 생각하면 된다.
히타카츠는 도시라기보다는 아주 작은 마을 정도로 생각해야 한다. 30분이면 시내를 다 둘러볼 수 있을 정도의 작은 마을이라 언제든지 쉽게 돌아보면 될 것이다. 여객터미널에 관광안내소가 있으니 여행정보는 문의를 하고 대마도 여행을 시작하는 것이 좋다.

미우다해수욕장
三宇田海水浴場

'일본의 해안, 100선'에 선정된 미우다(三宇田) 해수욕장의 바닷물은 마치 오키나와의 해변인 듯 영롱한 에메랄드빛을 낸다. 쓰시마에서는 보기드문 고운 입자의 천연 모래해변이며, 얕은 바다는 한여름 가족들이 물놀이하기에 적격인 곳이다. 남국의 느낌을 물씬 풍기는 에메랄드 바다는 운이 좋으면 이 멋진 해변을 혼자서 누릴 수도 있다. 물이 맑아 물고기, 성게 등 해양 생물을 눈으로 볼 수 있고, 스노클링과 스쿠버다이빙도 하기 좋다. 근처엔 캠핑장도 있어 여름철엔 많은 한국인 여행객들이 캠핑과 해수욕을 하러 찾아온다. 샤워시설은 완비되어 있으며, 근처에 캠프장과 온천시설도 있다.

미우다 캠프장
美宇田キャンプ場

미우다 해변 언덕 위에 위치한 캠핑장으로 전망이 좋아 관광객이 많이 찾는다. 가족단위로 오기 때문에 6인용 텐트가 인기가 높다(상설텐트 가격은 1박에 3600￥이다.

위치_ 히타카츠항에서 5분거리로 나기산오유 정류장 하차 1분
요금_ 6인용 상설텐트 비용 : 3600￥
　　　 텐트장소비용 : 1500￥
　　　 6인용 취사도구 : 500￥
　　　 코펠식기 : 500￥

위치_ 히타카츠항에서 차로 10분 거리
　　　 (카미소 호텔, 온천에서 가까움)
요금_ 무료

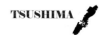

슬로스 글램핑 빌리지
SLOTH GLAMPING Village

미우다 해수욕장 인근에 위치한 글램핑장으로 2018년도에 오픈해 넓고 깨끗한 시설은 물론, 한국방송이 나오는 빔 프로젝트까지 있어 가족 여행의 숙소로 제격이다.

시설 내에는 바비큐장도 있어 캠핑의 즐거움과 호텔의 편리함을 모두 누릴 수 있다. 사전 예약 시 터미널에서 숙소까지의 송영 서비스가 있고, 문의 시 렌트카도 빌릴 수 있다. (한국어 대응 가능)

주소_ 長崎県 対馬市上 対馬町 泉347-1
시간_ 체크인 15:00 ~ 19:00 / 체크아웃 10:00
예약문의_ (카카오톡ID) se7100
전화_ 0920-86-2063
Mapcode_ 972 012 260

니가사노유 온천
上對馬溫泉渚の湯

일본인데 온천이나 료칸은 없냐고? 당연히 있다. 히타카츠항에서 얼마 멀지 않은 곳엔 '일본 해변 100선'에 선정된 미우다 해수욕장이 포인트다. 짭짤한 바닷물에 퐁당 몸을 담그고 피로를 푸는 '해수탕'인 니가사노유 온천에서 3~4시간 몸 담그고 나오면 피로가 풀린다. 작은 온천이지만 대마도의 풍경을 한 눈에 볼 수 있는 곳에 위치한 탓에 어느 곳보다 알찬 온천욕을 즐길 수 있다.

한국 전망대에서 본 바다 풍경 / 여름

한국전망대
韓國展望所

쓰시마 최북단의 한국전망대는 대한민국이 가장 가까이 보이는 곳이다. 한국까지 49.5km, 후쿠오카까지는 132km로 한국에 훨씬 더 가깝다. 전망대 주변은 넓은 잔디밭이 펼쳐져 있으며 해안 단구의 높은 지형에 위치해 있어 멀리 작은 무인도들이 징검다리처럼 보인다. 눈앞에 보이는 바다는 조류가 빠르며 바람이 조금만 불어도 파도가 거칠어진다.

전망대 건축물은 한국의 건축양식으로 1997년에 세워진 것이다. 기와지붕의 팔각정 형태로 서울 파고다 공원에 있는 정자를 모델로 하였으며, 전망대로 진입하는 도로 입구에 세워진 문은 부산국제여객터미널의 것을 모델로 하였다. 설계단계에서부터 대한민국의 학자가 참여해 한국산 재료 등 철저히 대한민국의 전망대로 지어졌다.

조선국 역관사 순난비
朝鮮國 譯官使 殉難之碑

1703년 음력 2월 5일 아침, 부산항을 출항한 배 3척이 있었다. 정사 한천석(韓天錫), 부사 박세양(朴世亮)을 비롯한 108명의 역관사(통역관) 일행이 탄 사선(使船)과 쓰시마번의 책임자 야마가와 사쿠자에몬(山川 作左衛門)이 방문을 위해 보내준 자신의 배와 예인선이었다.
출항 당시에는 날씨가 좋아 순풍을 타고 순조롭게 항해를 하고 있었으나 정오가 지난 후 기상이 급변하여 3척 모두 좌초되고 말았다.

쓰시마번과 마을 사람이 구조와 수색작업을 벌였으나 생존자는 1명도 없었다. 도착지가 바로 눈앞에 보이는 와니우라 앞바다에서 전원이 사망하는 비참한 해난사고가 발생한 것이었다. 일행 중에는 소동도 포함되어 있었다.

이 역관사 일행은 조선통신사와는 별도로 쓰시마까지 100명 정도의 규모로 구성되어 파견된 통신사 사절로 에도시대에 50회 이상 일본에 파견되었다. 쓰시마번의 경조사 시, 또는 한일 외교 상 의견 절충이 필요할 때 일본을 방문하여 당시 한일 선린외교의 실질적인 중계자 역할을 담당하였다.

사고 당일은 3대 쓰시마 번주 요시마사의 장례와 5대 번주 요시미치(義方)의 승계를 축하하기 위해 방문하던 중이었다. 1991년 3월 20일 한일건립위원회가 이국의 바다에서 생을 마감한 역관사들의 영혼을 달래기 위해 조난 현장이 내려다보이는 언덕(한국전망대 바로 옆)에 추모비를 세웠다

한국전망대에서 보인다는
부산불꽃축제?

외국이라 면세 쇼핑의 기회는 똑같이 주어
진다. 부산항 여객터미널엔 양손에 바리바
리 쇼핑백을 든 사람들이 많았다. 뱃삯만
내면 되니 부산 사람들은 면세 쇼핑을 위
한 당일치기 대마도 여행을 자주 한다. 이
즈하라항에서 면세점 쇼핑도 할 수 있다.

슈시의 단풍길
もみじ街道

히타카츠에서 39번 도로를 따라가면 나
오는 단풍길로 슈시강을 따라 약 7Km에
이르는 길은 삼나무와 편백나무가 울창
하여 피톤치드의 효과를 느끼며 산책하
기에 좋은 곳이다. 입구에는 편백나무와
삼나무가 울창한 원시림이고, 이어 슈시
천을 만나면서 화려한 단풍길이 시작되
는데 계곡길은 단풍나무가 무성하게 자

라고 있어 계곡의 물 흐르는 소리와 이름
모를 새들의 지저귐으로 가득하다. 처음
에는 편백나무와 삼나무가 빽빽하게 우
거진 숲길이 길게 이어진다.

11월 초에서 중순사이에는 가을의 단풍을
한적하게 만나러 가면 형형색색의 단풍
이 물들어 나가사키 지방 내에서도 단풍
이 아름다운 곳으로 유명하다. 계곡의 무
수한 단풍나무 위로 빼곡히 들어선 삼나
무와 편백나무는 간간이 간벌을 해서 피
톤치드의 짙은 향을 느낄 수 있다.

곤피라 에비스 신사
金比羅神社

항구에서 왼쪽으로 가면 '추성훈'의 광고
사진이 나오고 빨간색의 콘피라 신사의
입구를 따라 올라가면 히타카츠를 가장
잘 볼 수 있는 언덕이 나온다. 히타카츠는
항구만 덩그러니 있는 작은 마을이었지
만 지금 대마도 관광객이 늘어나면서 마
을이 더욱 커지고 있다.
그런 히타카츠의 모습을 볼 수 있는 장소
가 곤피라 신사입구를 넘어 순례길을 올
라가면 산책도 하고 뻥 뚫린 히타카츠의
모습을 만끽할 수 있다.

Mapcode_ 539 866 184

긴의 장수은행나무
琴の大銀杏

긴(琴)의 절에 있는 은행나무는 백제에서
전해졌다고 하며, 수령은 1200년 혹은
1500년 정도 되어 일본에서는 가장 오래
된 은행나무이고 크기로는 두 번째다.
둘레 12.5m, 높이 23m로, 1798년 낙뢰로
인한 화재의 흔적이 남아 있지만, 나무의
상태는 양호한 편으로 가을에 노랗게 단
풍이 들면 웅장한 대자연의 한 장면을 연
출한다. 본래는 '백제 은행나무'라는 안내
판이 있었지만 몇 해 전 일본이 그중 '백
제'라는 말을 삭제했다고 한다. 일본은
'일본 고유의 영토 쓰시마는 역사와 관광
의 섬입니다'라고 쓴 안내판도 있다.

주소_ 上対馬町琴 675
위치_ 버스로 이동시 슈시 행 타고 긴에서 하차
Mapcode_ 539 505 300

163

아지로의 물결자국
連痕(연흔) / 하트스톤

히타카츠 항구에서 도보로 약 30분 정도
걷든지, 렌트카로 5~10분이면 나오는 연
흔은 우리에게는 생소하다. 렌트카로는
안내판을 지나치기가 쉬워 주의깊게 보
고 이동해야 한다.

도보로 이동하는 것이 좋지만 더운 여름
에는 이동하는 것이 쉽지 않다. 바람이나
물의 움직임에 의해 퇴적물의 표면에 만
들어지는 물결의 흔적으로 물결자국 이
라고도 부른다. 색다른 풍경이지만 의외
로 찾는 여행자는 별로 없다.

도노사키 공원
& 러시아 우호의 언덕
國定公園 & 日露友好の丘

니시도마리역에서 내려 20분정도를 걸어
가야 하는 찾기 힘든 공원이다. 일본이 메
이지유신을 마치고 해군 전력을 키워 러
시아와의 전쟁을 준비하고 있을 때 일본
해군의 기념비를 만들었다. 그 후 러일전
쟁에서 러시아 군인들은 대마도의 도노
사키로 상륙하였지만 전쟁에 패배하였
다. 대마도 주민들은 러시아 군인을 치료
해주면서 러시아 우호의 언덕이 생겨나
게 되었다.

Mapcode_ 539 837 403

Mapcode_ 539 899 273

도요포대
豊砲台跡

안내판이 낡긴 했지만 '1차 대전 이후 일본은 군비를 확장하면서 대한해협을 봉쇄할 목적으로 요충지인 이곳에 1929년부터 5년간에 걸쳐 도요포대를 설치했다.

설치됐던 포신장이 18.5m 중량 108ton, 포 발사거리는 30㎞에 이르렀다고 하여 대한해협을 방어할 거점으로 사용하기 위해 만들어져 있다'라고 입구의 안내판에 나와 있다. 짧은 터널같은 속을 들어가면 20세기 초에 만들어진 수준으로 상당한 수준이라고 할 수 있다.

Mapcode_ 972 098 446

마도
窓

유카타 렌탈과 진주 악세사리 체험이 가능한 가게로 가게 한편에서는 카페도 같이 하고 있다. 주인이 대한민국에서 20년 가까이 살다가 대마도에 정착하여 한국어에 능하여 체험을 편리하게 할 수 있다.

히타카츠의 경우 카이칸 식당이나 히타카츠 중학교 근처에 신사나 바다의 신을 모시는 작은 불당이 여러 곳 있어서 유카타 사진을 찍기에 좋다. 매년 8월 정도엔

나츠마츠리(여름 축제)가 열리니 유카타를 입고 가보는 것도 좋은 경험이 될 수 있다.

카페의 인기 메뉴로는 감자 재배부터 요리까지 직접 해서정성이 가득한 수제 고로케와 연어를 올린 일본식 차(茶)밥 연어 오챠즈케, 차갑게 식힌 소면을 간장 소스에 찍어서 먹는 히야시 소면 등이 있다.

주소_ 長崎県 対馬市 上対馬町 比田勝 956-4
요금_ 렌탈 / 유카타 ￥1000,기모노 ￥2000 (1시간 기준)
　　　체험 / 체험비+재료비 ￥2000~3000
영업시간_ 오전 10시~오후 10시(매주 화요일 휴무)
전화_ 080-6490-8363
홈페이지_ https://demado.modoo.at

EATING

히타카츠항 근처에서 맛있는 식사를 즐길 수 있는 곳은 많지 않다고 알려져 있다. 항구에서 내릴 때면 점심시간이므로 배에서 내려 입국심사가 끝이 나면 다들 식당으로 이동한다. 항구에서 멀어질수록 관광객이 줄어든다. 남들보다 빨리 입국심사가 끝나면 여행객들에 앞서 자리를 잡을 수 있다. 대마도의 식당에서는 대부분 일본어가 필요 없다. 식당 앞에 친절하게 한국어로 표기된 표지판이 보이기 때문에 한국어로 확인하고 주문을 할 수 있다.

작은 어촌 마을이라 번화가도 없고 한국 관광객들이 아니면 가게 운영도 쉽지 않았다. 이 히타카츠가 호텔도 지금 짓고 있을 정도로 관광객이 많아지면서 현지인들이 주로 찾는 맛집을 추천받고 확인할 수 있었다.

야에 식당
八重食堂

히타카츠 상점가 중심부에 위치한 비교적 싸고 양이 많기로 유명한 집이다. 점심

에는 면류나 덮밥류, 저녁식사에는 꼬치류가 주 메뉴이다.

꼬치류는 구워지는데 시간이 걸리지만 종류도 많고 술안주로도 어울려 저녁 시간엔 현지인들이 더 많이 찾는다. 추천 메뉴로는 부타바라(삼겹살), 닭껍질, 베이컨 아스파라거스, 표고버섯 꼬치 등이 있다. 어떤 꼬치를 골라도 간이 적당하고, 많이 먹어도 물리지 않는다.

주소_ 長崎県 対馬市 上対馬町 比田勝 818
영업시간_ 오전 10시~오후 10시(매주 화요일 휴무)
전화_ 0920-86-2302
Mapcode_ 539 866 184

166

친구야 & 키요(자전거 빌리기)
Chinguya & Kiyo

작은 카페이지만 자전거를 타려는 여행
자들이 많이 찾는 카페로 동시에 키요에

서 쓰시마 버
거를 먹으면
서 간단하게
요기도 할 수
있다. 한국인
이 운영하는
카페로 대마
도의 이즈하
라와 부산에
서 운영하고
있다.

홈페이지_ www.chinguya.co.kr
주소_ 上対馬町琴比田勝 850
위치_ 히타카츠 여객터미널 왼쪽방향으로 5분
영업시간_ 10시~16시(정해진 휴일은 없음)
요금_ 쓰시마 버거 590￥
전화_ 070-7842-7634
Mapcode_ 539 866 184

야보텐
野暮天

히타카츠 상점가 초입에 위치한 식당으로 VJ 특공대에도 나온 맛집이다. 가게 사장님이 무척 친절하고 한국어로 간단한 의사소통도 가능하다. 일본식 간장 양념을 한 돈쨩과 부타바라(삼겹살), 나가사키 짬뽕 등이 주 메뉴이다.

점심시간에는 돈쨩 정식을 주문하면 돈쨩 + 밥 + 짬뽕이 같이 나와 비교적 낮은 비용으로 일본식 야끼니꾸(불고기)를 맛볼 수 있다. 일본은 불판을 교체하지 않고 계속 같은 판을 사용하기 때문에 고기가 눌러 붙지 않도록 세심한 주의가 필요하다. 또 여느 고깃집과 마찬가지로 먹고 난 후에는 옷에 냄새가 배기 때문에 냄새에 민감한 사람은 탈취제 등을 미리 준비하는 것이 좋다.

주소_ 長崎県 対馬市 上対馬町 比田勝 664
영업시간_ 오전 10:30〜15:00 / 오후 17:30〜24:00
전화_ 0920-86-2254
Mapcode_ 539 866 184

스시도코로 신이치
すし処 慎一

어부 직영 가게로 당일 공수한 신선한 생선만을 사용한다. 카운터 석에 앉으면 초밥 만드는 모습을 바로 앞에서 볼 수 있어 믿음이 간다. 붕장어를 메인으로 점심에는 덮밥, 저녁에는 초밥류를 판매하고 추천 메뉴는 붕장어를 사용한 메뉴와(덮밥, 초밥, 튀김) 새우를 사용한 메뉴, 유부초밥 등이 있다. 초밥은 와사비 맛이 강하지 않고 양도 딱 적당해 개인적으로 추천하는 가게이다.

- 붕장어 – 잔뼈가 약간 있지만 부드럽고 고소하다.
- 새우 – 살짝 데쳐서 나오기 때문에 비린 맛이 없고,
  살이 오동통 해서 식감이 좋다.
- 새우 튀김 – 일반 새우의 3배 크기 새우를 사용한다.
  튀김 옷이 두껍고 바삭함.
- 유부초밥 – 유부의 맛이 진하고 달다.

주소_ 長崎県 対馬市 上対馬町 古里 13-3
영업시간_ 오전 11:30~14:00 / 오후 18:00~22:00
　　　　　매주 수요일 휴무
전화_ 0920-86-3749 (예약제)
Mapcode_ 539 797 388

마루후쿠 라멘
ラーメン

친구야 근처에 위치한 라멘집으로 돈코츠 라멘을 메인으로 한다. 목이버섯, 차슈, 계란 등의 토핑을 추가 할 수도 있고, 조금 매운 맛의 된장 라멘 등도 있다. 라멘 하나로는 양이 적은 편이니 면을 추가하거나 주먹밥, 볶음밥 등과 세트로 시키는 것을 추천한다.
일본 라멘은 돼지를 오랜 시간 우려낸 육수를 사용해 국물이 깊고 진한 맛이 난다. 취향에 따라 조금 느끼하거나 짜게 느껴 질 수도 있는 맛이니 감안하고 먹어야 한다.

주소_ 長崎県 対馬市 上対馬町 比田勝 88-6
영업시간_ 오전 11:00~14:00 / 오후 18:00~21:00
　　　　　저녁에는 이자카야로 운영 / 목요일 휴무
Mapcode_ 539 865 209

시마 메시야 호쿠토
島めし家　北斗

스시도코로 신이치의 바로 옆에 위치한 식당으로 밥과 국이 같이 나오는 정식 위주의 메뉴를 판매한다. 인기 메뉴는 함바그 정식과 붕장어 튀김 정식, 모듬 튀김 정식 등이다. 튀김이나 고기가 아닌 가벼운 메뉴를 원한다면 붕장어가 들어간 붕장어 솥 밥도 추천한다.

홈페이지_ www.sushi-shinichi.com
주소_ 長崎県 対馬市 上対馬町 古里13-3
　　　　島めし家, 北斗
영업시간_ 오전 11:00~14:00 / 오후 18:00~22:00
　　　　　매주 수요일 휴무
전화_ 0920-86-4516

가든
Garden

계절에 맞는 과일을 사용한 케익을 판매하는 카페로 구석진 곳에 위치한데다 히타카츠 지도에도 표시가 없어서 잘 알려지지 않았지만, 현지인들 사이에서 유명한 가게이다. 보통 오후 4시 정도 되면 케익이 다 팔려서 없는 경우가 많아 일찍 방문하는 것이 좋다.
추천 메뉴는 계절에 따라 다른 과일을 올린 쇼트 케익과 진한 초콜릿 맛이 일품인 가토 쇼콜라, 부드럽고 진한 치즈케익 등이 있다. 운이 좋으면 커피 젤리가 들어간 티라미스나 계절 과일을 메인으로 한 판나코타 등도 맛 볼 수 있다.
최근엔 그날의 런치 메뉴도 개시해 식사도 함께 가능하다. (라인에 매일 런치 메뉴 업로드 함)

주소_ 長崎県 対馬市 上対馬町 比田勝 689
영업시간_ 오전 11:00~18:00 (커피, 케익류)
　　　　　목, 금, 토 20:00 - 24:00 (안주, 주류)
전화_ 090-2085-2751 / LINE: garden12020810
Mapcode_ 539 865 049

레스토랑 미마츠
レストラン美松

야에 식당 근처에 위치한 경양식 집으로 고기 요리와, 볶음밥, 토스트 등이 주 메뉴이다. 내부가 꽤 넓은 편이기 때문에 예약 없이 단체로 가게 될 경우 알아두면 좋은 레스토랑이다.

추천메뉴는 3종류의 고기 요리와 샐러드, 밥이 포함된 미마츠 런치이다. 돼지고기 스테이크와 햄버그, 치킨가스에 새우튀김, 스파게티, 샐러드까지 포함되어 있어 전체적으로 가성비가 좋고 고기 간이 적당하고 육질이 부드럽다.

주소_ 長崎県 対馬市 上対馬町 比田勝 819
영업시간_ 오전 10:00~22:00 / 매주 목요일 휴무
전화_ 0920-86-2411
Mapcode_ 539 865 086

이세야 식당
伊勢屋食堂

히타카츠 국제 터미널 근처에 위치한 식당으로 노부부 두 분이서 운영하시는 작은 식당이다. 메뉴의 가짓수가 많고 가격도 비교적 저렴한 편이고 메뉴에 따라 맛의 편차는 있지만 전체적으로 소박하고 익숙한 맛이다. 추천 메뉴는 나가사키 짬뽕과 교자, 불고기 덮밥, 고기 우동 등은 전체적으로 간이 조금 짠 편이다.

- 고기 우동 – 비교적 간이 약하고 담백한 편임
- 교자 – 손으로 직접 빚은 교자. 일반 만두보다 마늘 향이 강하다.
- 불고기 덮밥 – 간장 양념이 고기에 잘 배어있어 밥과 잘 어울린다.
- 나가사키 짬뽕 – 담백하고 깊은 국물이 일품면도 쫄깃하고 건더기도 많이 들어있다.

주소_ 長崎県 対馬市 上対馬町 比田勝 984
영업시간_ 오전 10:00~24:00
Mapcode_ 539 865 086

타비
旅

국제터미널 맞은편에 위치한 타코야키 전문점으로 메뉴는 타코야키와 톤마키이다. 메뉴판엔 없지만 우라메뉴(비밀메뉴)로 야키소바가 있으니 주문 전에 물어보는 것도 좋다. 배 시간에 맞춰서 가게를 열기 때문에 보통 11시 이후에 오픈하여 오후 4시 전후로 영업이 끝난다.

주소_ 長崎県 対馬市 上対馬町 比田勝
영업시간_ 11시~16시

Mapcode_ 539 866 185

레스토랑 프라자
レストランプラザ

국제 터미널 근처에 위치한 레스토랑으로 항구가 잘 보이는 2층에 위치해 있다. 좌석은 4인 기준이고 내부가 꽤 넓은 편으로 양식과 일본 정식 등 다양한 메뉴를 판매한다.

추천메뉴는 프라자 런치, 가라아게 정식, 덮밥류 등이고 프라자 런치는 돼지고기 스테이크, 나폴리탄, 새우튀김, 샐러드, 스프 등으로 가게의 양식 메뉴를 한 번에 맛볼 수 있다. 가라아게는 간이 적당하고 튀김의 바삭함이 일품이다.

주소_ 長崎県 対馬市 上対馬町 比田勝 981-3
영업시간_ 오전 07:00~20:00
　　　　　월요일, 일요일 저녁 휴무
전화_ 0920-86-3216

Mapcode_ 539 865 144

172

히데요시
ひでよし

미마츠 근처에 있는 식당으로 히타카츠 항구에서 멀리 떨어져있다. 부부가 운영하는 식당으로 내부는 작아서 자리에 앉을 때는 자리를 지정해주기 때문에 미리 앉지 말고 물어보아야 한다. 불친절하다는 평이 많지만 시간을 어겨서 찾아가도 재료가 있는 한 운영하여 늦은 점심을 먹기에 좋다. 돈까스가 가장 맛이 있고 사시미 정식은 가격에 비해 양이 적다.

주소_ 長崎県 対馬市 上対馬町 比田勝 835
영업시간_ 오전 12:20~14:00 / 오후 17:30~23:30
전화_ 0920-86-2970
Mapcode_ 539 866 184

식당 치즈
食堂 于⊠

단체 관광객만을 받는 점심위주의 식당이다. 패키지 투어에서 한꺼번에 몰리는

손님을 받으려고 개인 자유 여행자는 받지 않으니 다른 곳을 찾아보자. 점심은 우동위주의 메뉴가 주로 나온다.

영업시간_ 10시~17시   **요금_** 우동 정식 850¥
전화_ 0920-86-2223
Mapcode_539 866 188

유유렌트카 &카페
悠遊レンタカー

히타카츠 터미널에서 도보 3분 거리에 위치한 렌트카&카  페로 커피, 음료 외에도 간단한 식사류와 주류도 판매한다. 금~토요일에는 12시 넘어서 영업하는 경우도 많다.

영업시간_ 오전 9:00~24:00

173

산라쿠스시
三樂壽司

히타카츠 항구에서 조금 벗어난 골목길 안쪽에 위치한 산라쿠스시는 11시 30분에 문을 열지만 주말에 한국 관광객이 일찍 도착할 때도 이른 시간 입항하는 한국 관광객들을 위해 손님이 들어오면 받아주는 방식으로 식당을 운영하고 있다.

가장 인기 있는 메뉴는 '오늘의 추천 스시'. 일본 특유의 소담한 양과 정갈한 '플레이팅'으로 입맛을 자극한다. 스시만으로 여행의 '허기'를 달랠 수는 없는 법. 부족한 양을 보충할 수 있는 '카레 우동'까지 추가하면 6시간 여행을 위한 준비는 마무리된다. 신라쿠스시에는 친절하게 한국어 메뉴판을 준비해 놓았다.

카이칸식당
かいかん食堂

주인 할아버지는 식당에 손님이 한꺼번에 몰리면 바깥에 서있으라고 하면서 인상을 쓰기 때문에 불친절하다고 하지만 평소에는 친절하다. 특히 주말에 히타카츠 항구에 배가 한꺼번에 내리면 항구에서 가까운 식당부터 관광객이 몰려든다. 항구에서 가까운 카이칸은 줄을 서서 기다렸다가 먹어야 하는데 내부의 테이블 수가 적기 때문이다. 특별히 맛이 좋지는 않지만 나쁘지도 않은 중간정도로 싫다는 평은 별로 없다. 새우튀김 정식을 주로 주문하는데 친구들과 여행을 왔다면 많은 양을 주는 식당이니 항구에서 내려 빨리 가도록 하자.

영업시간_ 10시~20시
요금_ 새우튀김 정식 1,150¥, 돈가스 정식 1,300¥
전화_ 0920-86-2223
Mapcode_ 539 866 184

이자카야(선술집) 히타카츠
居酒屋ひたかつ

산라쿠스시 근처에 위치한 이자카야(선술집)으로 한국인이 운영하며 닭볶음탕, 닭강정, 오삼 불고기, 찌개 등의 한식과 생선회, 쿠시카츠(튀김꼬치) 등의 일식 메뉴를 판매한다. 사전에 예약할 경우 닭백숙이나 삼겹살 등도 주문 가능하다.

10명 이상인 경우 점심 시간대에 정식 예약도 가능하다. 한식의 경우 일본인 입맛에 맞춰 덜 매운 편이고 빵가루를 입혀 튀긴 꼬치인 쿠시카츠는 겉은 바삭하고 속은 촉촉하다. 닭 강정은 바삭하고 달달해서 아이들이 좋아할 맛이다. 현지 음식이 맞지 않거나 말이 통하는 곳에서 한 잔 하고 싶다면 찾기 좋은 곳이다.

주소_ 長崎県 対馬市 上対馬町 比田勝159-2
영업시간_ 오후 18:00~24:00
전화_ 080-5251-8439
Mapcode_ 539 866 184

아마세
AMASE

터미널 맞은편에 위치한 카페로 수제 아이스크림과 음료, 기념품 등을 판매한다. 포켓 와이파이도 대여 가능하다. 바닐라, 딸기, 초코 등 기본적인 맛 외에도 콩가루, 얼음 등의 드문 맛도 판매한다. 음료도 종류가 많은 편이다.

주소_ 長崎県 対馬市 上対馬町 比田勝
영업시간_ 오전 10:00~17:00 (배 시간에 맞춰 변경O)

카페 뮤
MYU

히타카츠 맵 가장 초입부에 위치한 가게로 커피와 케이크가 주 메뉴이며 점심시간엔 스파게티 등의 런치 메뉴도 판매한다. 케이크, 런치는 정해진 메뉴가 아니라 그날그날 다르다. 전체적으로 소박하고 익숙한 맛으로 케이크는 크림과 시트가 달아 커피와 잘 어울린다.

주소_ 長崎県 対馬市 上対馬町 比田勝 687-4
영업시간_ 오전 9:00~17:00 (런치 11:00~14:00)
　　　　　매주 수, 일요일 휴무
전화_ 080-5427-5778
Mapcode_ 539 865 071

야마하치 제과
山八製菓

야마하치 제과(山八製菓)
대마도 명물 카스마키를 판매하는 상점으로 카스마키 외에 도라야키나 모나카, 양갱 등의 전통과자도 있다. 카스마키는 곱게 거른 팥 앙금이 독특한 맛의 빵 안에 가득 들어 있다.
달고 부드러운 맛이 난다. 도라야키는 카스마키와 비슷한 맛으로 안에 통팥이 들어있어 식감이 좋다. 모나카는 과자 부분이 얇고 부드러우며 안이 쫀득한 앙금으로 가득 차있다. 화과자류는 전체적으로 맛이 많이 달기 때문에 1~2개 정도 먹는 것이 적당할 것 같다.

주소_ 長崎県 対馬市 上対馬町 比田勝 797
영업시간_ 오전 8:30~18:30
전화_ 0920-86-2341
Mapcode_ 539 866 184

SLEEPING

카미소
花海荘

미우다 해변 근처의 오션 뷰 호텔로 다다미식과 침대식 방이 있다. 욕실은 공용으로 대욕탕을 사용하며, 시간이 정해져 있으니 주의해야 한다.

특별실의 경우 방 안에 개인 욕실이 있다. 요금은 1인 기준으로 지불하며 소셜 커머스(티몬, 위메프, 쿠팡)를 이용해 구매하는 것이 경제적이다.

주소_ 長崎県 対馬市 上対馬町 西泊 1201
위치_ 해수욕장, 온천이 도보 5분 거리에 위치
영업시간_ 체크인 : 오후 15:00~
　　　　　　 체크아웃 : ~오전 10:00
전화_ 0920-86-3110

호텔 대마도 히타카츠
HOTEL DAEMADO 比田勝

히타카츠 터미널에서 도보 3분 거리에 위치한 호텔로 2017년 11월에 오픈한 곳으로 쾌적하고 깨끗하다. 객실은 침대와 다다미방의 2종류로 나뉘어 있으며 침대가 있는 양실은 히타카츠항의 바다를 감상할 수 있는 것이 장점이다.

홈페이지_ daemadohotel.com
주소_ 長崎県 対馬市 上対馬町 比田勝 字ダラノ木 960番地
시간_ 체크인 16:00 / 체크아웃 10:00
전화_ 0920-86-3666
Mapcode_ 539 866 313*11

미도리 게스트하우스
みどり ゲストハウス

히타카츠 터미널
에서 도보 5분 거
리에 위치한 한국
인이 운영하는 게
스트 하우스로 전
동 자전거 대여가
가능하며 금, 토요
일 오후 5시에는
오우라 벨류 마트
까지 무료 왕복 셔틀 이용이 가능하다. 토
스트 등의 간단한 조식이 제공된다.

주소_ 長崎県 対馬市 上対馬町 古里 1 0-6
시간_ 체크인 16:00 / 체크아웃 10:00
전화_ 080-8579-6567

하나민숙
はな民宿

니시도마리 민숙과
근접한 눈에 띄는
노란색 건물이 인상
적인 한국인이 운영
하는 민박이다. 터미
널에서 도보 15분 거리에 위치하여 이동
이 간편하다. 또한히타카츠 터미널에서
픽업 서비스가 가능하다.

주소_ 長崎県 対馬市 上対馬町 西泊162-12
예약문의_ (카카오톡ID) lee0422113
전화_ 080-8565-1177(일본) / 070-4696-1777(한국)

미우다 펜션
三宇田ペンション

미우다 해수욕장
근처에 위치한 펜
션으로 해수욕장
과 캠핑장, 나기사
노유 온천에 숙소
인 펜션까지 한꺼
번에 한 장소에서 즐길 수 있어 인기가
높다. 목조 주택이며 온돌 보일러를 사용
한다. 방이 전체적으로 깔끔한 편이며 취
사도 가능하지만 세면도구와 타올은 별
도로 구매해야 하니 미리 준비 해 가는
것이 좋다.

주소_ 長崎県 対馬市 上対馬町 西泊 390
영업시간_ 체크인 : 오후 4시~
　　　　　 체크아웃 : ~오전 10시
전화_ 0920-86-3120

민숙 히타카츠
民宿 上対馬

식당과 같이 민박을 겸하고 있는 히타카
츠는 한국어로 소통이 가능하다. 시설은

좋지 않지만 히타카츠의 숙소가 많지 않아서 항상 예약을 하기가 힘들다.

주소_ 長崎県 対馬市 上対馬町 比田勝 33-1
요금_ 1인 4,900¥
전화_ 080-6211-8439
Mapcode_ 539 836 823

민숙 니시도마리
民宿 西泊

2017년 3월에 개장한 민슈쿠 니시도마리는 미우다 해변과 토노사키에서 차로 약 5분 거리에 위치해 있다. 항구의 전망을 볼 수 있는 아름다운 전망 때문에 여유롭게 즐기려는 관광객이 주로 찾는다. 내부는 히노키 노송나무로 꾸며져 있고 무료 주차장도 제공하고 있다. 낚시와 하이킹 등 다양한 엑티비티를 즐길 수 있다.

주소_ 上対馬町 西泊 267
요금_ 1인 4,620¥
전화_ 0920-54-5411
Mapcode_ 539 899 273

토노사키 방갈로 & BBQ
殿崎 & BBQ

미우다 해변에서 걸어서 10분 정도의 가까운 거리에 있는 방갈로 숙박 시설로 바다의 아름다운 전망을 즐길 수 있다. 단체 고객이 바비큐 시설이 제공되어 회식에 유리하며 조식으로 일본식 도시락이 제공되고 있다.

낚시와 하이킹 등 엑티비티를 즐기려는 관광객이 주로 찾기 때문에 처음 대마도를 여행하는 여행자는 많지 않다. 침대가 제공되지 않기 때문에 침대를 사용하려면 추가 요금을 내야 한다.

주소_ 上対馬町 西泊
요금_ 1인 7,100¥(조식포함)
전화_ 0920-54-5611
Mapcode_ 539 899 273

대마도의 아름다운 풍경을 볼 수 있는 전망대

2 에보시다케 전망대

가장 접근성이 떨어지는 전망대로 올라가는 것도 쉽지 않지만 360도 파노라마로 아소만을 한눈에 볼 수 있다. 몇 겹의 산과 바다 위에 떠 있는 크고 작은 섬들, 리아스식 해안 등 웅대한 모습이 눈앞에 펼쳐진다. 대한해협 너머로 대한민국의 산도 볼 수 있다.

3 이국이 보이는 언덕 전망대

대마도의 최북서쪽에 위치한 전망대로 대한민국을 가장 가까운 곳에서 볼 수 있는 전망대이다. 대마도의 주도로인 382번 도로에서 벗어나 있어 접근성도 나쁘고 찾기도 쉽지 않다. 낭떠러지 위에 떡하니 올라있는 전망대는 파도도 있는 그대로 볼 수 있다. 눈앞에 바다가 180도로 그려진다. 날씨가 좋으면 부산의 네온사인도 보인다는 데 과연 밤에 이곳까지 보러 올 것인가는 다른 문제인 듯하다. 그만큼 접근성은 나쁘므로 저녁에는 위험할 수 있다.

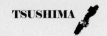

③

4 한국 전망대

대마도의 최북단 와니우라의 한국 전망대는 대한민국이 가장 가까이 보이는 전망대로 부산까지 49.5km 라는 사실을 알 수 있는 곳이다. 전망대 뒤로 작은 박물관도 있어 교육적인 장소로 활용할 수 있다. 날씨가 좋고 구름이 없다면 부산시의 거리가 보인다고 한다. 전망대는 설계부터 우리나라의 학자들이 자문을 하고 재료도 우리 것을 가져다 사용하여 한국에 있는 전망대에 온 듯한 느낌을 받는다.

1 만제키 전망대

대마도의 남쪽과 북쪽을 연결해주는 만관교와 리아스식 해안인 아소만을 동시에 볼 수 있는 유일한 전망대로 주차장 바로 옆에 있어 접근성이 높다. 전망대만 올라가면 만관교와 아소만이 연이어 펼쳐지는 대마도에서 가장 대마도답게 아름다운 풍경을 자랑한다.

Kamiagata

가미아가타 / 上縣町

간략하게 가미아가타 이해하기

대마도의 북서쪽에 위치한 곳으로 사스나 마을로 대표되는 곳이다. 사스나 마을을 제외하고 렌트카가 아니면 접근하기 가장 힘들어서 패키지투어에서는 들르지 않는 곳이다. 이곳은 대마도 현지인들이 주로 여름휴가로 찾는 곳이기 때문에 인구수가 대마도내에서 가장 적다. 사람들이 찾지 않는 곳이라 멸종위기의 생물이 살기에 가장 좋은 장소들이 가미아가타에 많다는 이야기도 된다.

사스나 마을은 이즈하라행 버스를 타면 사스나 우체국이나 정류장에서 내리면 된다. 20분 정도면 사스나 마을은 다 둘러볼 정도로 작은 마을로 소바도장의 소바를 먹기 위해 가는 곳이 사스나이다.

가미아가타는 렌트카로 이동해도 간판이 작고 허름한 상태로 되어 있어 한 번에 정확한 관광지를 찾아가기는 쉽지 않다. 그리고 도로에 차들이 별로 없기 때문에 이곳이 맞는지조차 확신이 가지 않는다. 연인의 데이트 코스로 조용한 여행을 즐기고 싶을 때 찾으면 좋다. 센뵤마키 산 정상에서 바라보는 바다의 풍경은 가슴이 뻥 뚫리게 만들어 준다.

하타카츠
방면
관음사
382
가류켄
사스나
버스정류장
우체국
갓포레
ガッポレ
이자카야 토리이치
居酒屋トリ市
382
소바도장 아가타노사토
そば道場アキタの里
슈퍼마켓
食品店 NOW
법원
하노키노모리 펜션
H
H
우리들 펜션

← 이즈하라행　사스나　히타카츠 행 →

	시간	행선지		시간	행선지
1	6:49	이즈하라	1	7:55	히타카츠
2	8:54	이즈하라	2	9:14	국제 터미널
3	11:44	이즈하라	3	13:12	국제 터미널
4	13:14	이즈하라	4	15:42	국제 터미널
5	16:59	이즈하라	5	17:12	국제 터미널
6	18:09	시타루	6	20:43	국제 터미널

센뵤마키 산
千俵蒔山

대마도에서 풍차가 돌고 있는 사진을 보고 이동할 수 있지만 가지 않는 것이 좋다. 풀로 뒤덮인 산으로 이동하기도 쉽지 않고 이곳이 맞는지도 의심이 들지만 포장도로가 다시 나오고 삼거리가 나오면 그 위치에 센뵤마키 산이라는 간판이 나온다. 보리와 메밀의 씨를 천 섬(千俵;센뵤) 정도 뿌릴 수 있는 웅대한 산이라는 의미의 일본어 '센뵤마키야마'로 불리게 되었다.

삼국시대에 일본의 수군이 백제의 요청으로 중국 당나라와 싸웠지만 패배한 다음 해에 적들의 침입을 두려워하여 봉화대를 설치한 것이 지금의 센뵤마키 산으로 산에서 보는 바다가 한눈에 펼쳐져 이곳에 봉화대를 세운 이유를 알 수 있다.

산 위에는 풍력발전을 위한 프로펠라가 2기 서 있다. 센뵤마키 산에는 287m,대마도에서는 드물게 산꼭대기가 억새로 둘러싸여 있는 곡선적인 산으로 최근에 600kw 풍속발전기 2기가 설치되었다. 대한민국이 보이는 조망과 함께 장대한 풍

경을 살린 패러글라이딩도 할 수 있다고 한다.

풍력발전소

쓰시마의 서북단에 있는 287m의 센뵤마키(千俵蒔)의 산 정상에는 높이 45m, 길이 23m의 세 개의 날개가 달린 하얀 프로펠라 2대가 서 있어 이국적인 풍경을 나타내고 있다. 이 프로펠라는 1기당 한 시간에 최고 600k/w의 발전능력을 갖추었다고 한다. 센뵤마키 산 주변에는 높은 산들이 없어 바람이 사방에서 부는데, 일본 내에서도 드문 최적의 풍력발전 장소라고 한다.

주소_ 上県町在議
위치_ 히타카츠 터미널에서 이즈하라행 버스를 타고 버스로 30분. 사고(佐護)에서 하차하여 도보로 40분

Mapcode_ 539 792 589

이국(異國)이 보이는
언덕 전망대

센뵤마키야마 근처에 있는 전망대로, 장대한 바다와 고기잡이 배 불빛 등, 기상조건에 따라서는 부산시내의 건물까지 확실히 볼 수 있다. 매년 6월이면 전망대 주변으로 수국이 만발하여, 바다와 꽃을 동시에 보면서 산책하기에 좋은 곳이다. 센뵤마키 산의 정상 바로 밑에 위치한 이국이 보이는 언덕 전망대에서는 날씨가 좋은 날에는 대한민국의 여러 산들을 바라볼 수 있다.

이 센뵤마키 산에는 대마도 북부의 최고봉인 미타케와 함께 해협을 항해하는 배들이 목표지점으로 삼았던 산이며, 664년 외적의 침입에 대비하여 동북지방 등에서 징발되어 기타규슈의 요지 등을 경비하던 병사인 사키모리가 있었던 곳으로 여겨진다.

주소_ 上県町在議が兵
위치_ 히타카츠 터미널에서 이즈하라행 버스를 타고 버스로 30분, 사고(佐護)에서 하차하여 도보로 40분
Mapcode_ 539 792 589

아지사이(수국) 로드
あじさい(紫陽花) みち

이국이 보이는 언덕 전망대를 보려고 따라가는 해안도로 5㎞정도에 이른다. 약 1만 그루의 아지사이(수국)가 심어져 있어, 6월이면 알록달록 수국이 흐드러지게 피어 매우 아름답다. 7월 이후에는 수국이 많이 남아있지는 않다. 매년 6월 중순에는 이 길을 따라 걷는 아지사이 축제가 개최된다.

이쿠치하마(井口浜)해수욕장
井口浜海水浴場

센뵤마키 산으로 들어가는 도로는 왼쪽으로 돌아가야 하는 데, 이쿠치하마 해수욕장으로 가려면 직진하여 해안으로 가면 이내 도착하게 된다. 조용한 모래 해수욕장으로, 해변의 경치가 아름답다고 하지만 쓰레기가 많아 가까이 가면 전혀 아름답지 않다.

여름휴가 시즌에는 쓰레기를 치우고 해

미나토하마 해수욕장
湊浜海水浴場

이쿠치하마 해수욕장에서 더 수국로드를 따라 들어가면 다시 아름다운 해안이 나온다. 근처에는 취사시설과 캠핑장이 있고 잔디구장도 있어 해수욕을 즐길만한 기반시설이 다 구비되어 있다.
미나토하마 해수욕장은 안으로 들어간 만에 비치가 있어 수심이 깊지 않고 어린이를 동반한 가족 여행객이 즐기기에 안성맞춤이다.

Mapcode_ 539 793 272

수욕을 즐길 수 있게 한다. 하지만 근처에 있는 미나토하마 해수욕장에 캠핑장을 비롯한 휴식시설이 있어 미나토하마 해수욕장에 휴가 인파가 많아 싫다면 찾게 된다.

주소_ 上県町在議字大石
전화_ 0920-84-2311
Mapcode_ 539 793 268

사오자키공원
棹崎公園

사오자키 공원은 이곳에 왜 공원을 만들었는지 의문을 나타내는 공원이다. 찾는 이도 별로 없거니와 이곳에 만들 이유를 찾지 못할 쯤, 언덕의 계단을 올라가 사슴들의 무리를 보면서 의문이 완전히 사라졌다. 러일전쟁 중 만들어진 대포의 자리와 군 시설 등의 자연자원과 역사적 자원을 활용하기 위해 정비된 공원이다.

72ha가 넘는 공원에 쓰시마 야생생물 보호센터와 평화의 광장, 일본 최서단(最西端) 비 등이 있다. 부산시와는 불과 49.5㎞밖에 떨어져 있지 않아, 기상조건에 따라서는 부산의 산과 아파트 등의 야경을 볼 수 있다고 하나 날씨가 좋아야 볼 수 있다.

주소_ 上県町在議西里
전화_ 0920-84-2311
Mapcode_ 539 819 093

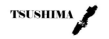

쓰시마 야생생물 보호센터 (사오자키공원 내)
對馬野生生物保護ソター

사오자키(棹崎)는 사고(佐護)강 하류에 위치한 동식물의 서식지로 알려져 있다. 대마도 야생생물 보호센터는 쓰시마 야마네코 등 멸종 위기에 놓인 야생생물의 생태와 현황에 대해 소개하고, 야생생물의 보호에 대한 이해와 관심을 심화시키기 위한 보급, 계몽활동과 희귀한 야생생물의 보호 증식 사업 및 조사 연구를 종합적으로 실시하기 위한 거점 시설로 활용하기 위해 1997년 개관한 보호센터이다.

주소_ 上県町在議 2956-5
홈페이지_ http://kyushu.env.go.jp/twcc/
　　　　　(일본어 사이트)
이용시간_ 10:00~16:30(매주 월요일, 월요일이 국경일인 경우 다음날 휴관)
전화_ 0920-84-5577(일본어만 문의 가능)

버드워칭 공원
bird watching Park

대마도는 규슈와 혼슈, 한국과 중국 대륙을 왕래하는 철새들의 휴식지로 알려져 있다. 일본으로 건너가는 철새 544종 중, 355종을 이 일대에서 관찰할 수 있지만 관광지는 아니다. 관리도 전혀 되고 있지 않고 철새들이 오는 시기를 제외하고 새들을 볼 수 없다.
특히 버드워칭 공원까지 가는 길을 찾기가 힘들어 찾지 말라고 권한다. 렌트카가 아니라면 버드워칭 공원을 가는 것 자체가 시간이 많이 소요된다. 사고(佐護)지역에서는 재두루미, 흑두루미 등 다수의 야생조류를 볼 수 있다고 한다.

주소_ 上県町在議西里 1390
전화_ 0920-84-2311
Mapcode_ 539 731 373

EATING

소비도장 아가타노사토
そば道場あがたの里

대마도에서 직접 수확하고 메밀을 직접 반죽해서 소바면을 만드는 맛집이다. 이즈하라행 버스를 타고 사스나 정류장에 내려 위로 올라가다가 삼거리에서 왼쪽으로 돌면 보인다. 찾기도 쉬워 맛집인지도 모르고 찾는 관광객도 많다. 면이 고소하고 전체적으로 담백한 메밀 소바를 주로 주문한다. 간장 소스에 면을 찍어먹는 모리소바가 인기 메뉴로 양이 부족하다면 주문할 때 소바와 함께 돈쨩(간장 불고기) 덮밥을 추가해 먹으면 양이 부족하지 않을 것이다.

주소_ 上県町在類順流甲
영업시간_ 체험 9시~17시(화요일 휴무)
　　　　　점심식사 10시30분~15시
요금_ 소바체험 1~4인 3990¥(1인 추가 950¥)
전화_ 0920-56-0118
Mapcode_ 526 220 257

갓포레
かつぽれ

가미아가타 버스정류장 건너편으로 계속 직진을 하면 정면에 식당이 나오는데 간판은 보이지 않는다. 가정집을 식당으로 활용하고 있는데 들어갈 때 문이 꽉 들어맞게 되어 움직이지 않을 수 있어도 힘을 꽉 주고 열어야 한다.
한국인 관광객도 많이 찾는 음식점으로 짬뽕과 돈가스를 주로 주문한다. 짬뽕은 빨간 국물이 아니고 오징어로 육수를 낸 짬뽕이지만 오히려 해장을 해도 될 정도이다. 굵고 투툼하게 자른 돈가스에 소스는 맛이 강해 처음에 거부감이 생길 수 있지만 맛은 좋다.

주소_ 上県町在類順流乙
영업시간_ 10시~22시(일요일 휴무)
전화_ 0920-84-2055
Mapcode_ 539 798 332

기류켄
起龍軒

가미아가타 지역에는 식당이 많지 않다. 규슈 맛집 100선에 포함된 중국요리 전문점이지만 호불호가 갈리고 있다. 교자와

돈코츠 라면이 인기메뉴이다. 돈코츠 라면은 국물이 진해 한국 관광객의 인기가 높다.

현지인들은 볶음밥을 주로 주문한다고 한다. 사스나 우체국 뒤로 2블록을 가면 나온다. 모른다면 반드시 현지인에게 확인하고 이동하는 것이 좋으며 차량은 우체국 앞에 주차하면 된다. 점심 식사 후 14시 이후부터 17시30분까지는 주문이 불가능하다.

주소_ 上県町在類順流乙1838
영업시간_ 12시~14시, 17시 30분~22시
　　　　　(일요일은 저녁식사만 가능)
전화_ 0920-84-2873
Mapcode_ 539 797 388

에비나메이게츠도
海老名名月堂

대마도의 주요 과자를 팔고 있다. 자그마한 길가에 있는 삼거리에 위치한 과자점은 야마네코 모나카를 맛볼 수 있는데 앙금이 향기롭다.

가스마키는 하얀 앙금과 검은 앙금이 있다. 인근에 센뵤마키 산을 가는 길에 있으니 구입하여 이동하는 것도 효율적이다.

///

주소_ 上県町在議西里 773
영업시간_ 06시l~19시l30분
　　　　　　(정기휴일은 없으나 월요일에 주로 휴일)
전화_ 0920-84-5171
Mapcode_ 539 732 692

이자카야 토리이치
居酒屋とり壱

사스나에서 밤에 유일하게 술을 마실 수
있는 곳이기 때문에 인기가 좋다. 사스나
앞의 고기를 잡는 어선에서 꼬치구이와
생선회를 매일 공급해주기 때문에 신선
도가 높다.
사스나에 위치한 꼬치구이 가게로 꼬치
외에도 두부스테이크나 구운 주먹밥, 오
챠즈케 등 다양한 메뉴를 판매한다.

주소_ 上県町在類順流乙 270
위치_ 소바도장에서 하천 바로 뒤
영업시간_ 17시30분〜23시(일요일 휴무)
전화_ 0920-84-2908
Mapcode_ 539 798 270

THEMA 4 | 내 아이과 함께 하는 대마도 여행

과학시간

▶ 리아스식 해안(Rias coast) – 아소만

눈앞에서 하천에 의해 침식된 육지가 침강하거나 해수면이 상승해 만들어진 해안을 볼 수 있는 곳은 많지 않다. 하천에 의해 침식되어 형성되면 리아스식 해안(rias coast)이라 한다. 우리나라의 남해안과 서해안이 리아스식 해안에 속한다. 실제로 카약를 타고 리아스식 해안을 체험할 수 있다.

▶ 풍력발전 – 센뵤마키 산

친환경에너지중의 하나인 풍력으로 발전을 하면서 인근마을에 전력을 공급하고 이용하는 대마도의 환경보호를 만나 볼 수 있다.

▶ 동식물 보호 – 쓰시마 야생 생물 보호센터, 수국로드

야마네코 등 멸종위기에 놓인 야생생물의 보호 및 증식을 위한 활동을 보면서 생물 보호까지 배울 수 있는 좋은 기회가 된다. 또한 수국이 보호되어 도로에 핀 꽃을 보며 심리적 안정도 느낄 수 있다.

한국전망대

센뵤마키산
가미아가타
上縣町

시스니
E
F
미우다항
히타카츠항

가미쓰시마
上栄町駅

미타게
8

숲
382

미네
峰町

체육시간

▶자전거, 등산– 미타케 산, 시라다케 산, 이즈하라 시내

북섬의 미타케 산과 남섬의 시라다케 산의 등산
과 이즈하라, 히타카츠에서 즐기는 자전거로 당
일치기 자건거 여행을 할 수 있다. 이즈하라 시
내와 대마도의 매력에 빠지면서 내 아이와 다양
한 추억을 만들 수 있다.

▶카약 – 아소만

대마도에서는 여름에 카약 축제를 열면서 대마도의 아름다움을 즐기는데 카약을 즐기
는 명소가 아소만에 있으며 특히 초보자들이 할 수 있는 카약 명소이다.

▶캠핑 – 가족과 함께 캠핑 즐기기

현재 대마도 여름에는 많은 사람들이 캠핑을 즐
기기 위해 대마도로로 오고 있다. 물가가 비싼
일본의 대마도이지만 저렴한 비용으로 캠핑장
에서 하루를 지낼 수 있다.

자연을 만끽하면서 즐길 수 있는 캠핑장을 대마
도 전역에 가지고 있는 경우는 많지 않다. 내 아
이와 함께 국제적인 캠핑을 즐기고 싶다면 대마
도만한 장소는 없을 것이다.

Mine

미네

간략하게 미네 이해하기

히타카츠에서 382번 도로를 따라가면 나오는 미네 마을과 해신신사, 모고야 등의 유적이 있는 곳과 39번 도로를 따라가면 나오는 원통사가 있는 지역으로 나뉜다. 대부분의 여행자는 382번 도로를 따라 여행을 하기 때문에 미네 마을과 해신신사, 모고야, 미네마치 역사민속자료관을 들른다. 히타카츠에서 입국해 점심식사를 하고 이동하는 여행자는 5시정도에 미네 마을에서 내려 해질 때의 아름다운 일몰 해신신사를 볼 수 있다.

히타카츠와 이즈하라를 왕복하는 버스타고 여행하는 버스여행자는 미네 마을에서 하차할 수 있어 호타루노유 온천을 하고 피로를 풀 수 있다. 해신신사는 버스가 이동하지 않아 볼 수 없다. 해신신사는 패키지 투어나 렌트카를 이용해 여행하는 경우에 좋은 여행지이다. 렌트카를 이용하면 바다를 따라 난 도로를 따라가면 해신신사가 나오고 해변에 모고야가 있다.

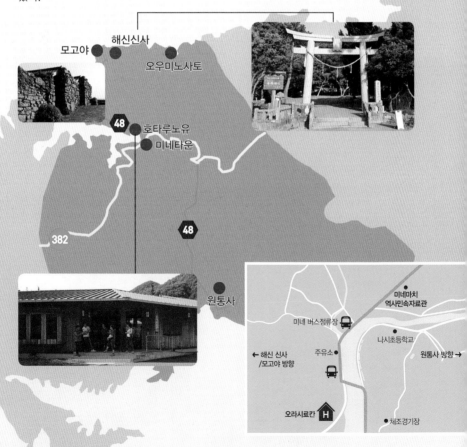

원통사
円通寺 / 엔쓰지

사카(佐賀)지역은 1397년경부터 소 사다
시게(宗 貞茂)에서 사다모리(貞盛), 시게
토모(茂職)로 이어지는 3대의 도주가 이
지역에 정착한 이후 많은 무사와 상인들
이 몰려들어 무로마치(室町)시대 쓰시마
통치의 중심지로 번창한 곳이다.

엔쓰지는 1408년 7대 번주(藩主)인 소 사
다시게가 지은 저택으로 10대 사다쿠니
가 이즈하라로 저택을 옮길 때까지 78년
간 통치 관청으로 사용되었다. 소 사다모
리의 보리사이기도 하며 절 뒤편에는 소
(宗)가 일족의 묘지가 있다.

전화_ 0920-82-0270
Mapcode_ 539 134 533

동조약사여래좌상(銅造藥師如來坐像)

약사여래는 중생을 병이나 재난에서 구해 주는 부처로 왼손에는 약병을 들고 오른손으로는 시무외(施無畏, 중생을 보호하여 두려움을 없애는 일)의 인(印, 불상이 손가락 끝으로 나타내는 여러 가지 표상)을 맺고 있는 것이 보통이다. 원통사의 동조약사여래좌상 역시 왼손에는 약병을 얹어 무릎 앞에 내밀고 있으며 오른손은 가슴 앞에서 엄지와 중지를 모으고 가부좌로 앉아 있는 모양을 하고 있다. 적당한 크기의 둥그스름한 소용돌이 모양의 머리를 하고 있으며 옷은 목 부분이 크게 벌어져 가슴 밑까지 패여 복부 윗부분에 아래옷과 그것을 묶던 허리띠가 보인다.

전체적으로 옷의 주름은 간소에게 정리되어 있으며 옅은 붉은색을 띄는 도금도 잘 남아 있어 거의 손상이 없는 상태이다. 고려시대 후반에 제작된 것으로 생각되며 이러한 종류의 약사여래상은 쓰시마, 이키, 규슈 북부에서는 유일한 것이며, 한국에도 약사불상은 그 수가 적어, 매우 양호한 보존 상태로 인해 그 가치 면에서 높이 평가된다.

범종

조선시대 초기의 작품으로 추정된다. 전체적인 형태는 중국 범종의 영향을 받은 듯하며 장식은 조선 범종의 의장으로 디자인되어 있다. 번주가 사카에 있을 당시, 조선에 요청하여 받은 것으로 추측된다.

조선통신사 이예 공적비

조선통신사는 통상 임진왜란을 기점으로 전기와 후기로 나눈다. 조선시대 전기 통신사 및 사절단으로 활약한 이예 선생은 14차례나 일본을 방문하였다. 선생의 업적으로는 왜구에게 납치된 조선인 포로의 쇄환, 일본 쇼군에게 보내는 대장경의 전달, 양국 문화교류의 기여 등을 들 수 있지만, 쓰시마의 입장에서 최대의 공적은 쓰시마와 조선의 통교무역에 관한 조약체결에 큰 공헌을 한 것으로, 이로써 왜구가 잠잠해지고 쓰시마에 평화로운 시대가 찾아온 것이다. 이러한 선생의 공적을 기리기 위해 쓰시마 한국 선현 현창회에서 2005년 엔쓰지에 '통신사 이예 공적비'를 세웠다.

해신신사
海神神社 / 가이진진자

대마도에서 가장 유명한 신사로 불리는 해신신사는 중세에서 근세시대에 이즈하라의 시모쓰하치만구(下津八幡宮)신사에 대비해 가미쓰하치만구(上津八幡宮)신사로 불리었으며, 쓰시마 제일의 신사로 불려 지기도 하였다. 국가가 직접 관리하는 신사를 관사(官社)라고 하는데, 1871년 5월 관사의 여러 등급 중 하나인 국폐중사(國幣中社)로 지정되어 변함없이 쓰시마 제일신사의 자리를 지키고 있다.

바다의 수호신 도요타마히메노미코토(豊玉姬命)를 주신으로 모신 해신(海神)신사로, 영산 이즈야마(伊豆山)에 위치하고 있다. 큰 도리이를 지나 높은 돌계단을 오르면 쓰시마 제일의 장대한 본전을 볼 수 있다. 가을 대제는 매년 음력 8월 5일에 봉안되며, 쓰시마 전역에서 참배객들이 모인다. 신사에는 통일신라 초기, 고려시대에서 조선시대에 걸친 청자 10여점이 남아 있으며, 동검, 거울, 토기 등이 다수 보존되어 있다.

신사를 둘러싸고 있는 숲(社叢)은 문화재로 지정되어 있으며, 구실 잣밤나무, 참가시나무 등의 낙엽수를 주목으로 느티나무 등 거목의 울창한 자연림 경관은 신이 거처하는 쓰시마 제일의 궁에 너무나 잘 어울린다. 삼광조(참새목 까마귀과, 한국에는 흔하지 않지만 제주도, 거제도 등의 섬 지방에는 비교적 흔하다.), 노랑딱새, 산솔새 등 야생 조류도 많이 서식하고 있어 1974년「야생 조류의 숲」으로써 조류 관측을 위한 오두막과 산책로 등을 정비하였다.

위치_ 미네 마을에서 구불구불한 해안도로를 따라 10~20분 이동
전화_ 0920-83-0137
Mapcode_ 539 154 278

모고야
藻小屋

해조류를 말려서 비료로 쓰기 위해 저장해 두는 곳으로 옛 주민들이 중요한 저장창고로 건조를 위해 만든 유적으로 작고 간단한 돌집처럼 보여 실망을 하기도 한다. 해신 신사가 뒤로 위치하고 마고야가 앞에 위치하여 찾기는 어렵지 않다.

오우미노사토
青海の里

대한해협의 거친 파도를 배경으로 한 계단식 논밭의 모습이 절경을 이룬다. 옛 일본 영화의 촬영지가 되기도 하였다.

위치_ 미네 마을에서 구불구불한 해안도로를 따라
　　　10～20분 이동
전화_ 0920-83-0137
Mapcode_ 539 153 350

미네마치 역사 민속 자료관
峰町 歷史民俗資料館

미네에서 출토된 고고자료, 채집한 민속 자료를 전시하고 있는 미네마치 역사 민속 자료관에는 고대 일본의 죠몬 시대부터 근세에 이르기까지 중요한 유적이 분포되어 있어, 그 시대의 생활문화를 그대로 느낄 수 있다. 선조가 남긴 귀중한 문화유산이 수없이 존재하며 그것을 집약시켜놓은 본 시설은 역사를 배우는 거점으로서 널리 알려져 있다. 관내의 자료는 음성지원을 하고 있다.

개관시간_ 09:00~17:00(연말연시 휴관)
이용요금_ 무료
전화_ 0920-83-0151 (문의는 일본어로만 가능)
Mapcode_ 539 158 847

호타루노유
ほたるの湯

미네 마을에서 호타루노유 온천만을 즐기러 오는 관광객은 없다. 버스 여행자는 찾지 않지만 패키지 투어와 렌트카 여행자는 한적한 온천을 즐기려할 때 많이 찾는다. 렌트카를 이용해 오는 가족여행자는 가족탕을 이용하려고 하는데 예약을 안 한다면 사용이 불가하다. 삼나무의 향기가 나는 탕 안에 있으면 온도가 적당하여 오랜 시간 머무르기에 좋다.

위치_ 미네 하차하여 오른쪽으로 이동
전화_ 0920-83-0313
Mapcode_ 539 157 802

옛날에 목욕탕에서 먹던
음료수를 추억하며

대마도 호텔 이용

1. 숙박비용이 저렴하지 않다.

일본의 다른 도시들은 호스텔이나 민숙, 게스트하우스 등도 많지만 대마도는 호스텔은 아예 없고 민숙도 별로 없다. 숙박자체의 숫자가 적어서 숙박비용이 저렴하지 않다. 민박인 민숙도 호텔과 가격차이가 많지 않고 호텔도 가격이 대부분 비슷하고 시설도 그저 그렇다. 미리 숙박비용을 예상하고 여행을 준비하는 것이 마음이 편하다.

2. 방사이즈와 샤워실이 좁다.

대마도는 침실이 없는 다다미로 되어 있는 호텔도 많지만 침대가 있어도 테이블과 놓인 공간을 빼면 빈 데가 거의 없을 만큼 좁다. 또한 호텔의 화장실과 샤워실도 분리시키고 샤워실은 샤워만 하고 바로 나와야 할 정도로 좁은 경우가 대부분이기 때문에 넓은 호텔을 예상하고 간다면 대마도 호텔은 답답하게 느껴진다. 호텔 방과 샤워실 크기는 기대하지 않는 게 현명하다.

3. 미리 예약해야 원하는 숙박 예약이 가능하다.

일정이 확정되면 호텔부터 예약해야 한다. 숙박자체의 숫자가 적어서 숙박예약이 대마도여행에서 문제를 발생시킬 수 있다. 원하는 호텔은 다른 여행자도 원하는 호텔이기 때문에 미리 예약을 해야 한다. 여행날짜에 임박해 예약하면 원하는 호텔은 없거니와 비싼 값을 치러야 하는 경우도 발생한다.

4. 어린이라고 그냥 입실하면 안 된다.

어린 아이라고 호텔에 있는 침대나 다다미방을 그냥 이용하면 안 된다. 다른 나라의 호텔은 어린아이는 입실이 무료인 경우도 많지만 대마도는 어린이도 1명으로 간주하니 미리 예약부터 확인해야 한다. 조식이 포함된 경우라면 더더욱 조심해야 한다.

5. 비수기를 노린다.

당연한 이야기일 수 있지만 성수기에는 호텔의 예약이 어렵고 가격이 올라간다. 가뜩이나 숙박의 개수가 적은 대마도는 더더욱 성수기의 예약이 어렵다. 또한 패키지상품으로 예약이 된 숙박이 많아서 일부 숙소는 아예 예약 자체가 어렵다. 경비를 아끼려면 비수기를 이용해 저렴하게 이용해야 한다.

6. 최근에 오픈한 호텔을 이용하는 것이 좋다.

대마도는 오래된 숙박업소가 많아서 호텔이라고 체크인을 하고 방에 들어간 순간 실망을 하는 경우가 대부분이다. 최근에 오픈한 숙소를 이용하면 당연히 시설이 최신 시설이므로 가격에 따른 만족도가 높을 수밖에 없다. 다행히 히타카츠에도 호텔을 짓고 있다는 소식이 들려 다행이지만 아직까지 만족할만한 수준은 아니다.

7. 냉장고 없고 물도 없다.

호텔도 냉장고가 없는 경우가 많아서 맥주나 마트에서 구입한 먹거리가 상할 수도 있다. 일부 이즈하라 팬션처럼 냉장고가 있는 숙소를 찾아서 가면 다행이지만 냉장고 자체가 없으니 먹을 물도 없는 경우가 대부분이니 미리 마트에서 먹을 물은 준비해 가야하니 예약부터 시설에 냉장고가 포함되어 있는지 확인하는 것이 좋다.

THEMA 5 | 대마도 캠핑 여행

대마도를 찾는 대한민국의 여행자들이 늘어나고 있지만 물가는 생각만큼 저렴하지 않다. 이럴 때 여행자들이 선택하는 방법이 캠핑여행이다. 여행 경비가 저렴해지는 것은 물론이고, 자연과 함께 대마도를 여행할 수 있다. 대마도 여름 여행에서 캠핑은 또 다른 여행방법이 되고 있다. 대마도의 아름다운 캠핑장에서 여행을 즐겨보자.

캠핑장 등록하기
1. 캠핑장을 이용하려면 가장 먼저 프런트에서 등록을 해야 한다. 만약 시간이 늦어 프런트 직원이 없다면 먼저 캠핑을 하고 다음날 등록 신청을 해도 가능하다.
2. 캠핑장 요금은 현금으로만 계산해야할 때도 있으니 미리 현금을 준비해두는 것이 좋다.
3. 계산하고 나면, 이용한 날짜와 인원이 표시된 스티커를 준다.(안주는 캠핑장도 있다)
4. 귀중품 보관이나 여행가방 보관을 원한다면 유료로 캠핑장의 귀중품 보관함과 여행 가방 보관소에서 개인가방을 원하는 시간만큼 보관이 가능하다.

캠핑용품 구입
해외에 캠핑가스를 가지고 탑승할 수는 없다. 히타카츠의 마트에서 캠핑용품 구입이 가능하고, 물품이 없다면 캠핑용품을 구입할 수 있는 장소를 알려주기도 한다.

캠핑하기
캠핑장 입구 게시판에는 캠핑장 구비 사항이 표시되어 있다. 따라서 미리 확인하면 캠핑장을 좀 더 편리하게 이용할 수 있다.

1. 해외 캠핑의 기본예절은 취사장에서만 불을 피울 수 있다는 것이다. 바람이 많이 부는 캠핑장은 특히 불 피우는 것은 삼가야 한다. 취사장이 없는 경우에는 바람막이를 두고 취사해야 한다. 춥다고 텐트 안에서 하는 취사 행위는 매우 위험하므로 절대 금물이다. 취사장이 없는 캠핑장에서는 텐트 밖에서 주의하여 취사한다.
2. 캠핑족들이 사용하고 남은 식재료와 조미료를 다음, 캠핑족이 사용할 수 있도록 캠핑장에 두고 간다.
3. 화장실과 샤워실이 같이 있는 경우가 많다. 다만 화장실에서 간단한 세면 정도는 할 수 있다. 그러니 반드시 캠핑장에서 확인하는 것이 좋다.

편안한 잠자리를 위한 유용한 캠핑 준비물

에어메트(부피가 작고, 차량에 공기를 넣는 주입구로 쉽게 공기 주입이 가능하고 공기를 빼는 시간도 오래 소요되지 않음)

분야	품목	개수	체크(V)
생활용품	수건(수영장이나 온천, 펜션 이용시 필요)	2~4	
	썬크림	1	
	치약(2개)	2	
	칫솔(2개)	2	
	샴푸, 린스, 바디샴푸	1	
	숟가락, 젓가락		
	카메라		
	메모리		
	두통약		
	방수자켓(우산은 바람이 많이 불어 유용하지 않음)		
	트레킹화(방수)		
	멀티어뎁터		
식량	쌀		
	커피믹스	1	
	라면	5	
	깻잎, 캔 등	5	
	고추장, 쌈장	11	
	전투식량	2~3	
	김	2~3	
	동결 건조김치	1	
	즉석 자장, 카레	2~3	
약품	감기약, 소화제, 지사제		
	진통제		
	슬리퍼		
	대일밴드		
	패딩점퍼		
	감기약		

캠핑장

주의사항

1. 캠프장 이용신청은 FAX 접수만 가능(모바일, 인터넷으로도 FAX발송이 가능)
2. 예약 변경 및 취소는 해당 접수처로 반드시 FAX 접수(예약여부 회신 FAX 발송)
   ※ 예약신청서는 사용일 2개월 전부터 접수(예약 상황표는 없음)
3. 일본 여관업 법 시행규칙에 따라 캠핑장 체크인시 성명, 주소, 직업을 기재하고 여권사
   본을 제출하게 되어 있음.
4. 캠핑장에 복사가 안 되므로 여권사본을 지참요망
5. 텐트를 빌릴 때 텐트 장소 대여를 포함해 신청이 가능
   예) 5인용 텐트를 대여하여 1박할 경우, 요금은 ¥2,500
       ¥1,000 (5인용 텐트 대여) + ¥1,500 (텐트 장소 대여)
6. 쓰시마에는 동물성 식품(육류, 소시지, 통조림 햄 등)과 흙 묻은 야채 반입금지

① 아유모도시자연공원(鮎もどし自然公園)

쓰시마 남부의 아유모도시자연공원 내에 위치해 있으며 캠프장과 더불어 스포츠 슬라이
더, 잔디 광장, 산책로 등이 있어 가족단위로 휴식할 수 있는 레크레이션 장소이다. 공원
내의 천연 화강암으로 이루어진 계곡은 여름을 시원하게 보낼 수 있는 바캉스 장소로 각광
받고 있다.

▶ **이용기간** : 7월 15일~8월 31일
▶ **체크인** : 13시~17시 (시간엄수)

구분	요금(1박, 1동당)	비고
10인용 상설텐트	¥6,000	전체 5동, 취사도구, 식기포함
6인용 상설텐트	¥3,600	전체 10동, 취사도구, 식기포함
텐트장소 대여	¥1,500	

▶ **자동차** : 이즈하라항에서 25분
▶ **이동방법** : 아유모도시(鮎もどし)정류장
              하차 도보 1분
▶ **접수처** : 쓰시마시 재산관리운용과
              FAX 001-81-920-53-6112

신화의 마

382
B

아유모도시자연공원

아오시오노사토캠프장

② 아오시오노사토캠프장(青潮の里キャンプ場)

이즈하라마치 구타(久田)의 오우라 해수욕장에 위치한 캠프장. 오우라 해수욕장은 몽돌 자갈밭 해수욕장으로 쓰시마 내에서도 수질이 매우 깨끗한 것으로 유명하며 가족단위의 나들이객들이 즐겨 찾는다. 방갈로, 텐트, 연수시설 등의 시설을 이용할 수 있다.

▶ 이용기간 : 7월 15일~9월 30일
▶ 체크인 : 13시~17시 (시간엄수)

구 분	요 금(1박, 1동당)	비 고
방갈로	¥7,000	6인용, 전체 3동
로그캐빈	¥6,000	5인용, 전체 4동
5인용 상설텐트	¥3,000	전체 5동, 취사도구, 식기포함
텐트 장소 대여	¥1,500	
연수실	¥600	1시간당(10시~17시)

▶ 자동차 : 이즈하라항에서 15분
▶ 이동방법 : 오우라(尾浦)정류장 하차 도보 2분
▶ 접수처 : 아오시오노사토 관리동
　　　　　 FAX : 001-81-920-52-0140

③ 아소베이파크(あそうベイパーク)

전체 면적 56.1ha의 자연공원으로, 사계절의 모든 경치를 즐길 수 있다. 봄에는 현해 진달래, 동백꽃, 여름에는 연꽃 공원의 수면 위로 연꽃을 볼 수 있으며, 가을에는 국화와 코스모스가 마음을 풍요롭게 한다. 캠프장을 비롯해, 휴경지를 이용한 생태 공원, 퍼팅 골프장, 다목적 광장, 전망대, 산책로 등이 정비되어 있다.

▶ **연중 개장** : 1월 1일~12월 31일
▶ **체크인** : 13시 ~ 16시 30분 (시간엄수)

구 분	요금(1박, 1동당)	비 고
6인용 텐트 대여	¥3,600	전제 12동, 취사도구, 식기포함
텐트 장소 대여	¥1,000	오토캠프장
카누, 보트	¥300	2인승, 30분
퍼팅 골프(9홀)	¥200	1명 1회
다목적 광장	¥1,300	1면, 2시간(시간당 600엔 추가)

※ 텐트 대여시, 텐트 장소 대여를 포함하여 신청하여야 합니다.
  예) 6인용 텐트를 빌려 1박할 경우 요금은 ¥4,600이 됩니다.
    텐트대여 (¥3,600)+텐트 장소대여(¥1,000)

▶ **자동차** : 이즈하라항에서 35분
▶ **이동방법** : 이누보에 입구(犬吠入口)정류장 하차 도보 20분
▶ **접수처** : 그린아일랜드 합동회사(관리동) / FAX 001-81-920-54-4995

④ 신화의 마을 자연공원(神話の里自然公園)

잔잔한 아소만에 면해 있으며 친구나 가족과 함께 마음껏 즐길 수 있는 커뮤니케이션 장소이다. 캠프장, 여러 가지 놀이 시설이 설치되어 있는 놀이터, 일본식 정원, 일본 전통 가옥 구조의 교류동과 관리동 등의 시설이 갖추어져 있다.

▶ **연중 개장** : 1월 1일~12월 31일
▶ **체크인** : 13시~16시 30분(시간엄수)

구 분	요금(1박, 1동당)	비 고
방갈로	¥3,000	2인용, 전체1동 샤워, 화장실 사용 포함
5인용 텐트 대여	¥1,000	전체 5동, 취사도구, 식기불포함
텐트 장소 대여	¥2,000	오토캠프장(텐트옆주차)
텐트 장소 대여	¥1,500	
관리동, 교류동	¥1,000	1일요금, 숙박불가
침낭	¥500	1장, 1박당
씨카약	¥4,000	시간 90분, 강사포함

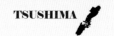

▶**자동차** : 이즈하라항에서 1시간, 히타카츠항에서 1시간 30분
▶**이동방법** : 니이(仁位)정류장 하차 도보 30분
▶**접수처** : 쓰시마시 도요타마지역활성화센터 지역지원과　FAX 001-81-920-58-0317

⑤ **미우다 캠핑장(三宇田キャンプ場)**
1996년 「일본의 해변, 100선」에 선정된 미우다 해수욕장에 위치한 캠프장. 미우다 해수욕장은 쓰시마에서는 보기 힘든 고운 입자의 천연 모래 해변으로 에메랄드 그린의 얕은 바다는 남국의 정취를 느끼게 한다. 캠프장은 해변이 내려다 보이는 해수욕장 옆 언덕에 위치해 있으며 도보 3분 거리에 「나기사노유(渚の湯)」온천이 있어 해수욕과 함께 온천도 즐길 수 있다.
▶**이용기간** : 상설텐트 이용기간 : 5월 1일~10월 31일
▶**텐트장소 이용기간** : 5월 1일 ~ 3월 31일
▶**체크인** : 13시~17시 (시간엄수)

구 분	요 금(1박, 1동당)	비 고
6인용 상설텐트	¥3,600	전체20동, 취사도구, 식기포함
텐트 장소 대여	¥1,000	
6인용 취사도구,식기	¥500	1일 요금
침낭	¥500	1장,1박당

▶**자동차** : 히타카츠항에서 5분
▶**이동방법** : 나기사노유(渚の湯)정류장 하차 도보 1분
▶**접수처** : 주식회사 티쓰리　FAX 001-81-920-86-4678

Toyotama

도요타마/豊玉（とよたま）

간략하게 도요타마 이해하기

히타가쓰에서 382번 도로를 따라가면 북섬의 가장 마지막 지점으로 382번 도로 상에 있는 도요타마 마을과 와타즈미 신사와 신화의 마을 자연공원, 에보시다케 전망대 등의 유적이 있는 곳으로 나뉜다. 도요타마에서 둘러볼 관광지는 단 3곳이다. 그런데 와타즈미 신사와 신화의 마을 자연공원은 붙어 있기 때문에 관광하기가 편리하지만 에보시다케 전망대를 보러 올라가는 것이 시간이 30분 이상 소요된다. 시간이 부족하다면 에보시다케 전망대는 생략하고 만관교에서 아소만의 리아스식 해안을 봐도 비슷한 풍경을 볼 수 있다.

히타가쓰와 이즈하라를 왕복하는 버스타고 여행하는 버스여행자는 나이역에서 내려서 걸어서 20~30분정도를 걷든지 택시를 타고 가야 한다. 히타카츠에서 출발해 여행을 시작했다면 해지는 시간에 와타즈미 신사에 도착을 하게 된다. 해지는 와타즈미 신사의 풍경을 반드시 보는 것을 추천한다. 도요타마의 관광지는 패키지 투어나 렌트카를 이용해 여행하는 경우에 좋은 여행지이다.

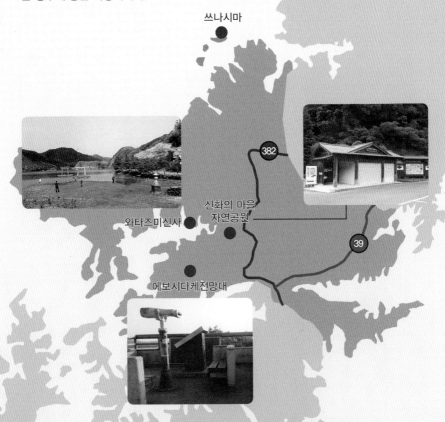

쓰나시마

382

신화의 마을
자연공원

와타즈미신사

39

에보시다케전망대

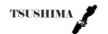

와타즈미신사
和多都美神社

아소 만 입구에 위치한 와타즈미신사는 '히코호호데미노코토'와 '토요타마히메노미코토'라는 두 신을 모시는 해궁이다. 예로부터 용궁전설이 전해져 내려오고 있다. 아소만의 잔잔한 파도와 어우러진 신사의 모습이 마치 신화 속 한 장면을 연상케 한다.

신사의 입구를 지키는 문 '도리이' 중 일부는 밀물 때면 무려 2m 가량이 바닷물에 잠겨 신비로운 분위기를 연출한다. 5개의 도리이가 있는데, 2개는 아소만의 물속에 항상 잠겨 있다. 와타즈미 신사의 또 다른 명물은 낙락장송이다. 땅으로 드러난 아름드리 소나무의 뿌리가 길게 드리워져 마치 용이 승천하는 형상을 지니고 있다.

주소_ 豊玉町仁位 55
전화_ 0920-58-1488
Mapcode_ 526 772 138

신화의 마을 자연농원
神話の里自然公園

와타즈미 신사 앞에 있는 신화의 마을 자연공원은 해안에 붙어 있는 공원으로 놀이터가 인상적인 공원이다. 캠핑장과 아소만의 여름 카약을 즐기러 오는 가족여행자가 있어 여름에 1박을 하러 오는 관광객이 많다. 버스를 이용해 오기에 제약이 많은 곳이라 자동차로 온다면 1박까지 추천한다.

주소_ 豊玉町仁位 51-1
Mapcode_ 526 742 857

에보시타케전망대
烏帽子岳展望所

와타즈미신사에서 에보시타케전망대(烏帽子岳展望所)로 오르면 대마도를 360도 파노라마로 감상할 수 있는 전망대가 나온다. 해발 176m로 그리 높지는 않지만 주변에 그보다 높은 산이 없기 때문에 시원한 전망을 볼 수 있다. 들쑥날쑥한 해양 지형이 특징인 아소만은 진주 양식으로 유명하다. 이 전망대는 석양과 일출이 아름다워 연말연시에 많은 관광객들이 찾아온다.

쓰시마 내에서 유일하게 동서남북 사면을 모두 조망할 수 있는 전망대로 여기에서 보는 아소만은 몇 겹의 산과 바다 위

에 떠 있는 크고 작은 섬들과 리아스식 해안 등, 그 웅대한 모습을 자랑한다. 날씨가 좋으면 대한해협 너머로 한국의 산들도 볼 수 있다. 베트남의 하롱베이를 연상케 하는 리아스식 해안과 완만한 경사의 섬들이 무리를 이룬 모습이 절경이다. 일출 시간에 맞춰 방문하면 황금빛으로 물든 섬들이 교향곡을 연주하듯 황홀한 풍경을 그린다.

복잡다단한 굴곡미는 쓰시마 자연경관의 백미이며, 수많은 무인도와 잔잔한 수면에 비친 섬들의 모습은 일본 최고로 일컬어질 정도의 절경이다. 바닷물은 너무나 맑고 깨끗해서 바닥까지 보인다.

주소_ 豊玉町仁位
Mapcode_ 526 743 274

아소만의 만곡을
조망할 수 있는 2곳

에보시타케전망대와 가미자카전망대(上見坂公園) 두 곳만이 아소만의 무수한 만곡을 천천히 볼 수 있다.

EATING

푸드 트럭 후지야
じやふ

와타즈미 신사 앞의 주차장에 위치해 있는 푸드 트럭으로 크로켓, 앙금빵과 커피 등을 팔고 있다. 크로켓을 주문하면 바로 튀겨주기 때문에 인기가 높다. 17시까지 운영하지만 재료가 떨어질 때까지만 운영하기 때문에 그전에 주차장에 없는 경우도 많다.

영업시간_ 8시 30분~17시
(수, 목에 주로 휴일, 휴일이 부정기임)
요금_ 크로켓 150¥, 커피 250¥
Mapcode_ 526 772 138

THEMA 6 | 대한민국과 연관된 역사의 흔적

1. 만송원(반쇼인)

대마도 초대 번주인 소 요시토시의 보리사로 제2대 번주 요시나리가 아버지를 기리며 1615년에 창건한 쇼온지를 1622년 요시토시의 법호를 따라 반쇼인으로 개칭하였으며 역대 대마도 번주와 그 일족이 모셔져 있다. 일본 3대 묘지 중 한곳으로, 국가사적으로 지정되어 있다. 현존하는 절문은 대마도에서 가장 오래된 모모야마(1568~1600)양식으로 창건 당시 그대로이며, 도쿠가와 역대 장군들의 위패 및 조선통신사 관련 유물이 보관되어 있다.

2. 조선통신사 두루마리 그림

임진왜란 후 도쿠가와 막부는 국교회복을 위해 조선에 통신사의 파견을 요청하였다. 이에 조선 조정에서는 일본의 의향을 받아들여 사절단을 파견하였는데 이를 조선통신사라 한다. 약 400~500명으로 구성된 이 사절단은 한양을 출발, 부산을 경유하여 대마도에 상륙한 뒤 다시 세토나이카이를 거쳐 에도에 도착하였다. 그 화려한 행렬을 그린 두루마리 그림의 길이는 16.58m에 달한다. 그림에는 청도기를 선두로 악사, 무인, 통역사, 정사, 부사 및 소동 500명의 통신사를 대마도 번주가 호위하며 행렬하는 모습이 화려한 색채로 그려져 있다.

3. 고려문

옛 이즈하라의 성문이자 조선통신사 행렬을 맞이하기 위해 만들어진 문으로, 태풍으로 파괴된 것을 1989년에 복원했으며, 2015년에 문이 원래 있었다고 하는 지금의 자리로 이전되었다.

4. 조선통신사 비

쓰시마번은 임진왜란 후 조선과의 국교회복을 위해 전력을 다하였고 그 결과 약 200년간(1607~1811) 12회에 걸쳐 통신사 사절이 일본을 방문하게 되었다. 통신사의 방문으로 이루어진 활발한 교류와 우호 관계를 21세기 한일우호의 지향점으로 삼고자 1992년 비를 세웠다.

5. 아메노모리 호슈

대마도에 일생을 바친 17세기 일본의 대조선 외교관이자 교육자로서 조선어와 중국어에 능통하였다. 성의와 믿음의 외교를 중시한 성신교류를 몸소 실전한 국제인으로 저서 '교린수지'는 일본 최초의 한국어 학습교재이다.

6. 아메노모리 호슈 선생 현창비

아메노모리 호슈선생이 주창한 성의와 믿음을 중시한 외교정신인 성신교린을 새긴 비석이다.

7. 최익현 순국비

구한말 대유학자이자 구국 항일투쟁의 상징인 최익현은 대마도에 유배되어 순국하였다. 장례는 백제의 비구니가 지었다고 전해지는 슈젠지에서 치러졌으며 유해는 부산으로 이송되었다. 선생의 넋을 기리고자 1986년 한일 양국의 유지들이 힘을 모아 슈젠지에 비를 세웠다.

8. 무가저택 돌담, 방화벽

마을 여기저기에 남아 있는 일본무사의 가옥과 주위의 돌담은 과거의 그림자를 그대로 투영하고 있는 듯하다. 무가저택의 돌담과 조금 다른 형태의 돌담이 있는데 이는 방화벽 돌담으로 에도시대에 만들어진 것이다. 당시 빈번하게 발생하였던 화재가 여러 곳으로 번지는 것을 막기 위해 축조되었다.

9. 옛 가네이시 성 정원

소가의 성이었던 가네이시성의 정원으로 국가명승천연기념물로 지정되어 있으며, 2008년 5월부터 일반 공개되고 있다.

10. 덕혜옹주 결혼봉축기념비

조선왕조 26대 고종의 딸 덕혜옹주는 1931년 5월 대마도 번주 소 다케유키 백작과 결혼하였다. 두 사람사이에는 딸이 있었으며 1955년 이혼 후 1962년에 귀국한 덕혜옹주는 1989년 창덕궁 낙선재에서 별세하였다. 이 비는 두 사람의 결혼을 축하하는 뜻으로 건립되었으며 현 기념비는 2001년 11월에 복원된 것이다.

11. 세잔지

이즈하라 항구 언덕에 위치한 세잔지는 9세기 이전에 지어진 것으로 추정되며 에도시대 1611년에는 대조선국 외교기관이자 감찰기관이었던 이테앙이 설치되기도 하였다. 이테앙은 임진왜란 이후 최악의 상태에 빠져있던 한일관계를 개선하고 평등한 우호관계를 유지하는데 큰 역할을 하였다. 또한 조선통신사가 대마도에 체류하였을 때에는 객관으로 사용되기도 하였다. 이테앙을 마련한 외교승 겐소, 겐포의 목상과 초량왜관의 도코지에 안치되어 있었던 석가여래상도 이곳에 있다.

12. 쵸쇼지의 고려 초조대반야경

고려시대 현종 2년(1011년), 국가적 사업으로 북종칙판대장경을 처음으로 인간하여 문종시대에 완성하였으나 1232년 몽고의 침입에 의해 그 판본이 소실되었다. 이로 인해 이키 안코쿠지의 고려 초조대반야경과 대마도 쵸쇼지의 대장경은 대한민국 역사상 그 가치가 매우 높으며 일본에 전래된 귀중한 자료로 평가된다.

13. 나카라이 토스이 기념관

나카라이 토스이는 1860년, 대대로 대마도 번주의 주치의를 지낸 집안의 장남으로 태어났다. 부산 왜관에서 의사로 상주하던 아버지를 따라 부산에서 소년기를 보내면서 한국어를 배웠고, 1882년에는 특파원 1호로 서울로 파견되어 활동하였으며 춘향전을 번역하여 신문에 연재한 기자겸 소설가이다. 일본 5천엔 지폐의 주인공인 여류작가 하구치 이치요의 스승이자 연모의 대상으로도 알려져 있다. 이즈하라 생가 자리에 있는 기념관은 나카라이의 자료 전시와 지역주민의 교류의 장으로 활용되고 있다.

쓰시마 야생생물 보호센터
18
아지사이로드(수국꽃길)

한국전망대
와다우라
이팝나무 자생지
382
19
사스나
미우다해수욕장
178
캠프장
382
다키사노유
39
히타카츠
부산으로
후쿠오카로
이진신사
169
슈시강 단풍길
호타루노유
미네마치
180
가미쓰시마
역사자료관
56
16
382
미네
긴의 장수
미네
은행나무
모기하마 해수욕장
48
39
17
39
마
다가사키꽂

14. 가네다성 유적

663년 백촌강 전투에서 나당연합군에 패배한 일본군이, 국방의 최전방이 된 대마도에 신라의 진출을 막기 위해 아소만 남부 해안의 죠야마(276m)에 667년 11월에 축조한 성이다. 한국형 산성의 형태를 띠고 있으며 높이 2~3m, 길이 5.4km의 성벽 흔적이 멀리서도 보인다.

15. 오후나에

이즈하라 항의 남쪽 구타(久田)포에 남아있는 옛 에도시대 대마도 번주의 선착장으로 항해에서 돌아온 배를 격납하거나 수리한 곳이다. 이 유적은 1663년에 축조된 것으로 전해지고 있으며 현재 석축은 당시의 원형을 그대로 유지하고 있다. 만조시에 많은 양의 바닷물로 채워져 대형 선박도 출입할 수 있었으며, 반대로 간조시에 물이 빠져 화물의 선적 등에 편리하도록 되어 있다.

정문, 창고, 번주의 휴식처 등도 남아 있어 당시의 웅대한 규모를 엿볼 수 있다. 선사시대부터 에도시대에 걸쳐 오랜 기간 동안 대륙과의 통교로 무역선을 이용한 쓰시마번의 특징을 알 수 있는 곳이다.

부산 당일치기여행

씨티 투어버스 타고 둘러보기

대마도 여행을 위해 부산을 가서 대마도행 배를 타려고 하면 부산에 도착해 시간이 비어버리는 경우가 발생할 때가 있다. 이럴 때는 반나절이나 하루 정도의 부산여행을 하는 것이 더 좋다. 반나절 정보가 부족하다고 해도 쉽게 여행을 할 수 있는 방법은 시티투어버스를 타고 부산여행을 하는 것이다.

시티투어버스는 태종대코스와 해운대코스로 나누어 3~5시간 정도로 여행할 수 있다. 다른 어떤 교통수단보다 편하고 가격도 합리적으로 부산을 여행할 수 있는 좋은 방법이다. 해외에서도 도시마다 시티투어버스를 운영하고 있는데 대한민국에서 가장 코스를 잘 만들어놓은 곳이라는 생각이 든다.

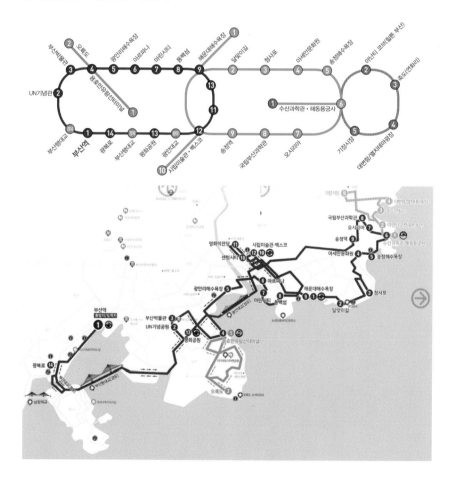

대마도를 여행하기 위해 부산에 와서 시간이 있다면 시티투어버스를 타고 부산여행을 할 때 부산만의 매력을 느낄 수 있는 코스가 태종대 코스이다. 한 번 시티투어버스를 이용해 보면 좋은

추억을 쌓는 여행이라는 것을 알 수 있다. 특히 연인의 여행이라면 더욱 추천한다.

투어버스는 세가지의 형태가 있다. 크고 편한 1층 버스, 2층이 막힌 2층 버스, 2층이 오픈된 2층 버스이다. 1층 버스가 더 편하게 이루어져 있지만 날씨가 좋아서 화창한 부산날씨를 만끽하면서 2층에서 보내는 기분은 상쾌하다. 2층 버스는 의자의 배열이 한 열이 4개의 좌석인데 1층 버스는 한 열이 3좌석이다.

이제 투어를 시작해 보자. 부산역에서 내리면 에스컬레이터를 타고 내려와서 우측 1번 게이트로 나오면 '시티투어버스'라고 크게 쓰여 있어서 쉽게 찾을 수 있다. KTX 승차권은 절대 버리지 말고 가지고 있다가 버스기사에게 시티투어버스 버스표를 사면서 할인을 받으면 된다. 어디서 버스표를 구입하는 지 걱정하지 않아도 된다. 버스를 탈 때 작은 브로셔와 버스표를 받는데 잃어버리지 말고 꼭 가지고 있어야 한다. 버스표는 탈 때마다 확인하므로 잃어버리면 큰일 난다.

> **버스비 할인 받는 방법**
>
> 당일 KTX 승차권을 소지하고 있으면 시티투어버스를 20%할인받을 수 있다. 태종대 코스와 해운대코스 버스비가 각각 15,000원이라고 생각을 하는데 한 코스만 사면 태종대와 해운대의 2코스를 다 탈 수 있다. 시티투어버스 승차권이 있으면 태종대에서 관람열차를 탈 때도 20%할인을 해준다.
>
> 홈페이지 참고
> 부산시티투어 www.citytourbusan.com

부산과 연계한 부산+대마도 여행 코스
부산은 대마도 여행이 아니어도 여행을 많이 하는 도시이므로 대마도 여행과 같이 1박을 하고 다음날 대마도로 이동하는 것도 좋은 방법이다.

2일 코스
서울에서 부산으로 KTX로 이동 오후 도착(1박)
→ 대마도(1일) → 서울 이동
대중적인 3박4일 코스
서울에서 부산으로 KTX로 이동 오후 도착(1박2일)
→ 대마도 (1박2일) → 서울 이동
4박5일 코스
서울에서 부산으로 KTX로 이동 오후 도착(1박2일)
→ 대마도 (2박3일) → 서울 이동

태종대 코스

버스를 타면 49계단과 연안여객터미널, 남향시장, 영도대교를 넘어 75 광장으로 이어진다. 그전에도 내릴 수는 있지만 다들 75 광장에서 내린다. 박정희대통령 시절, 1975년에 만들었다고 하여 '75 광장'인데 해안 산책로가 예쁘게 만들어져 있다. 겨울에도 바람이 심하게 불지는 않아서 해안 산책로는 걸어 다니기 좋다. 해안산책  로를 돌아다니면 부산이 해안도시라는 생각이 머리에 스쳐 지나갈 것이다.

태종대 주요 코스는 처음에 75코스와 태종대 그리고 국립 해양박물관, 자갈치시장이다. 대부분 관광객은 이 정거장에서 내린다. 시간표는 9시 30분부터 30분마다 출발한다고 생각하면 된다. 정거장에서 내려서 주위를 다 보고 해당정류장에 서 있으면 다음차가 왔을 때 타고 계속 다음 관광지를 보고 탈 수 있게 되어 있다. 부산역에서 탈 때는 앉아 있는 사람들이 얼마 없어 "편안히 버스를 개인 전용차처럼 이용할 수 있겠구나" 생각했는데 75광장 다 보고 버스 기다리면서 "혹시?" 타면서, "나의 생각이 큰 오산 이었구나"하는 생각이 들게 된다. 부산 여행을 오는 관광객이 "정말 많구나!" 하는 감탄을 하게 된다.
30분마다 다음 버스가 오기 때문에 시간을 맞춰 정류장에서 시간을 잘 맞춰 돌아다니는 것이 중요하다. 다음코스는 태종대이다. 태종대 코스의 하이라이트로 시간은 30분 이상 소요될 것으로 생각하자.

태종대를 둘러보는 데 1시간 30분은 소요된다. 아침에 여행을 시작한다면 점심은 태종대 근처에서 먹을 가능성이 높다는 이야기다. 근처에는 '태종대 짬뽕'이 기다리고 있다. 하지만 바로 먹기는 쉽지 않다. 서있는 많은 사람들의 줄을 보게 되기 때문이다. 아니면 먼저 짬뽕을 먹고 태종대를 보러 올라가는 것도 좋은 생각이다.
점심을 먹고 나른한 때에 가는 곳은 해양박물관이다. 박물관은 설마 "안 갈 것 같은데"라는 생각을 하지만 많은 관광객이 내려서 들어간다. 놀랄 수도 있지만 그만큼 박물관에 관심이 많은 사람들이 많다는 이야기이다. 교육적인 볼거리가 많아서 학생들이 배울 수 있는 공간이 되기도 한다.

해양박물관은 조금은 교육적인 곳이다. 연인들은 좋아하지 않을 수 있지만 자녀를 데리고 여행을 하는 가족은 보고 가는 장소이다. 다음으로 자갈치 시장을 들러 다시 부산역에 온다. 자갈치 시장을 보고 "할머니 회무침"까지 먹고 돌아오면 딱 반나절에서 하루정도의 코스로 만들어져 있다. 버스의 시간표를 보고 간혹 버스시간이 "지켜지지 않겠지?"라고 생각할 수 있지만 버스 시간표의 시간은 꼭 지킨다. 시간을 정말 칼같이 지킨다. 그러므로 시간을 지키지 않으면 버스는 떠나 버린다. 떠나는 버스 잡으러 가봐야 그냥 가버린다.
해운대 코스도 같은 버스표로 이용할 수 있으므로 시간이 있다면 해운대까지 같이 이용해 보는 것을 추천한다.

해운대 코스

태종대코스는 시간이 좀 더 많이 걸어 다니기 때문에 시간이 소요되는 코스이므로 시간이 부족하다면 해운대를 따라 아름다운 바다를 볼 수 있는 해운대 코스에서 30분 시간에 맞추어 올라타는 해운대 코스가 좋다.

부산이라는 도시는 옆으로 길게 된 모양이라 하루에 2개의 코스를 가기에 힘이 들 때도 있다. 아침일찍 부산에 도착할 수 있다면 태종대와 해운대코스를 다 둘러 볼 수도 있지만 여유롭게 보기에는 시간이 부족할 수 있다.

해운대코스가 야경을 보기에 멋진 장소가 많기 때문에 1일 동안 시티투어버스를 탈 계획이라면 태종대 코스를 낮에 돌아다니고 해운대코스를 나중에 보는 방법이 좋다. 광안리해수욕장은 내려서 걸어 다니면 간만에 보는 바다라 가슴이 뻥 뚫리는 느낌이 들기도 한다.

늦가을부터 이른 봄까지 바람이 차가울 수 있다. 다른 시기에는 차가운 느낌이 아닌 시원한 바다 바람이 상쾌하다. 앞에는 광안대교가 있어서 사진을 찍기도 좋고 여름에 내려와서 휴가를 보내고 싶은 생각도 자주 든다.

광안리를 지나 누리마루APEC하우스를 보러 간다. '동백섬의 절경'이라고 하더니 그 말이 딱 맞다. 누구나 찍는 포토 존에서 사진도 찍고 꽃들도 찍으면 봄이 온 느낌을 받을 수 있다. 추운 겨울을 지나 겨울이 지나가지 않을 것 같은 느낌이지만 계절의 변화는 거스를 수 없다. 봄과 가을이 가장 아름답다.
누리마루APEC하우스와 광안대교를 한 번에 사진에 담을 수 있는 포토 존은 누구나 머물면서 찍고 가는 장소이다. 해가 질 때가 되어 시간에 따라 변해가는 모습에 사람들은 탄성을 내기도 한다.

해운대는 확실히 부산의 새로운 마천루이다. 해운대에서 누구나 내려 탁 트인 바다에서 즐기면서 시간을 보낸다. 광안리와 해운대 앞 바다를 가로지르는 부산의 대표인 광안대교는 다이아몬드 다리형태로 부산을 대표하는 야경의 장소가 되었다. 해운대 코스는 부산에서 안 보고 오면 아쉬운 관광지가 많은 코스이다. 시티투어버스를 타고 여행을 해보면 태종대는 체험하는 장소가 많고 해운대코스는 데이트 분위기를 낼 수 있는 장소가 많다.

여행 일본어 필수회화

일본어	발음	한국어
おはよう	오하요	안녕하세요(아침인사)
今日	콘니치와	금일
今晩は (こんばんは)	콘방와	안녕하십니까. (밤에 만났을 때 하는 인사말)
さようなら	사요나라	안녕히 가십시오.
はい	하이	네.
いいえ	이이에	아니요.
ありがとう	아리가토	고맙다.
どういたしまして	도우이타시마시테	천만의 말씀입니다.
すみません	스미마셍	죄송(미안)합니다.
ごめんなさい	고멘나사이	미안(죄송)합니다. (자신의 실수를 사과하는 말)
私 (私たち)	와타시(와타시타치)	나(개인적인것), 저
あなた	아나타	당신, 귀하
彼 (彼たち)	카레(카레타치)	저것(먼것을 가리키는 말)
彼女 (彼女たち)	카노죠(카노죠타치)	그 여자
いくらですか	이쿠라데스카	얼마예요?
わかりません	와카리마셍	모르겠습니다.
私は韓国人です	와타시와 칸코쿠진데스	저는 한국인입니다.
私の名前は～です	와타시노 나마에와～데스	제 이름은 ～입니다.
あなたのお名前は	아나타노 오나마에와	당신의 이름은 무엇입니까?
私は日本語が話せません	와타시와 니혼고가 하나세마셍	저는 일본어를 못합니다.
いります	이리마스	있습니다.
いりません	이리마셍	필요 없습니다.

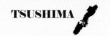
〈기내에서〉

일본어	발음	한국어
毛布を1枚貸して下さい。	모후오 이치마이 카시테 쿠다사이	담요를 1장 빌려주세요.
あちらの 席に代わっても いいですか.	아치라노 세키니 카왓테모 이이데스카	저쪽 자리로 바꿔도 될까요?
気分が悪くなりました。	키분가 와루쿠나리마시타	몸상태가 나빠졌어요.
コーヒー（ビール） をお願いします。	코-히-(비-루)오 오네가이시마스	커피(맥주)를 부탁합니다.
入国カ ードの 書き方を 教えて下さい。	뉴-코쿠카-도노 카키카타오 오시에테쿠다사이	입국 카드 작성 법을 가르치세요.
乗り物酔いの 薬があったら 欲しいんですが。	노리모노요이노 쿠스리가앗타라 호시인데스가	멀미 약이 있다면 갖고 싶은데.
薬を飲むので水を下さい。	쿠스리오 노무노데 미즈오 쿠다사이	약을 먹을 수 있게 물 좀 주세요.
ライト（イヤホン）が こわれています。	라이토(이야혼)가 코와레테이마스	라이트(이어폰)이 부서졌습니다.

〈공항에서〉

일본어	발음	한국어
渡航の目的はなんですか.	토코-(료-코-)노 모쿠테키와 난데스카?	출국 목적은 무엇입니까?
観光です.	칸코-데스	관광입니다.
荷物が出てこないんですが.	니모츠가 데테코나인데스가	짐이 나오지 않습니다.
申告するものはありません.	신코-스루모노와 아리마셍	신고할 것이 없습니다.
両替所はどこですか.	료-가에쇼와 도코데스카	환전소는 어디 있어요?
リコンファー ムしたいんですが	리콘화-무 시타인데스가	재확인하고 싶어요.
タクシー乗り場 はどこですか	타쿠시 노리바와 도코데스카	택시 승강장이 어디에 있어요?
搭乗ゲートは何番ですか	토-죠-게-토와 난반데스카	탑승 게이트는 몇번입니까?
禁煙席をお願いします	킨엔세키오 오네가이시마스	금연석을 부탁합니다

〈택시에서〉

일본어	발음	한국어
〜までお願いします.	〜마데 오네가이시마스	〜까지 부탁 드립니다.
〜までいくらですか.	마데 이쿠라데스카	〜까지 얼마입니까?
ここで止めて下さい.	코코데 토메테쿠다사이	여기서 멈추세요.

〈호텔에서〉

일본어	발음	한국어
空いてる部屋はありますか.	아이테루 헤야와 아리마스카	빈방이 있습니까?
1泊いくらですか.	잇파쿠 이쿠라데스카	1박 얼마입니까?
カギを無くしました.	카기오 나쿠시마시타	열쇠를 잃어버렸습니다.
トイレが故障しています.	토이레가 코쇼-시테이마스	화장실이 고장 났습니다.
お湯が出ません.	오유가 데마셍	온수가 나오지 않아요.
明日6時に起こして下さい.	아시타 로쿠지니 오코시테쿠다사이	내일 6시에 깨워서 주세요
チェックアウトしたいんですが	체쿠아우토 시타인데스가	나가고 싶어요
タクシーを呼んで下さい.	타쿠시오 욘데쿠다사이	택시를 부르세요
荷物を（〜時まで）預かってください.	니모츠오 (〜지마데) 아즈캇테쿠다사이	짐을(〜때까지) 맡아 주세요.
両替してください.	료-가에시테 쿠다사이	환전해 주세요.

〈거리관광〉

일본어	발음	한국어
トイレはどこですか.	토이레와 도코데스카	화장실은 어디예요?
ここで写真を撮ってもいいですか.	코코데 샤신오 톳테모 이이데스카	여기서 사진을 찍어도 돼요?
切符売り場はどこですか.	킷푸우리바와 도코데스카	매표소는 어디인가요?
このバスは〜に行きますか.	코노바스와 〜니 이키마스카	이 버스는〜로 갑니까?

〈거리관광〉

일본어	발음	한국어
何時に発車しますか.	난지니 핫샤시마스카	몇시에 출발합니까?
途中どこに止まりますか.	도츄−도토니 토마리마스카	도중에 어디서 멈춥니까?
～に着いたら教えてもらえませんか.	～니 츠이타라 오시에테 모라에마셍카	～에 도착하면 알려 주시겠습니까?

〈쇼핑〉

일본어	발음	한국어
それを見せて下さい.	소레오 미세테쿠다사이	그것을 보여주세요.
もっと安いのはありませんか.	못토 야스이노와 아리마셍카	더 싼 것은 없나요?
試着してもいいですか.	시챠쿠시테모 이이데스카	입어 봐도 됩니까?
きつすぎます(ゆるすぎます).	키츠스기마스/유르스기마스	작습니다./큽니다.
ちょっと見るだけです.	춋 토 미루 다케데스	좀 보겠습니다.
高すぎます.	다카스기데스	너무 비싸요.
もう少し安くしてください	모−스코시 야스쿠 시데쿠다사이	조금만 더 싸게 해주세요.
これをください.	코레오 쿠다사이	이거주세요.
これだけで結構です.	코레다케데 켓코데스	이것으로 됐습니다.
クレジットカードは使えますか.	크레짓토 카−도와 츠카에마스카	신용카드도 괜찮습니까?
別々に包んで下さい.	베츠베츠니 츠츤데쿠다사이	따로따로 포장해 주세요.
勘定が違います.	칸죠−가 치가이마스	계산이 틀립니다.
別のものと取り替えてください.	베츠노모노토 토리카에테 쿠다사이	다른 것과 바꿔 주세요.

〈레스토랑에서〉

일본어	발음	한국어
～料理のお店はありますか.	～료−리노 오미세와 아리마스카	～요리점은 있습니까?

〈레스토랑에서〉

일본어	발음	한국어
予約がなくても かまいませんか.	요야쿠가 나쿠테모 카마이마셍카	예약하지 않아도 괜찮습니까?
注文をお願いします.	츄—몬오 오네가이시마스	1주문을 받아주세요.
カギを無くしました.	카기오 나쿠시마시타	열쇠를 잃어버렸습니다.
これはどういう料理です.	코레와 도우이우 료—리데스카	이것은 무슨 요리입니까?
注文した料理と違います.	츄—몬시타 료—리토 치가이마스	주문한 요리와 다릅니다.
お勘定お願いします.	오칸죠— 오네가이시마스	계산해 주세요.
これは何の料金ですか	코레와 난노 료—킨데스카	이것은 무슨 요금입니까?
領収書下さい.	료—슈—쇼—쿠다사이	영수증 주세요.

〈엔터테인먼트〉

일본어	발음	한국어
入場料はいくらですか	뉴—죠—료—와 이쿠라데스카	입장료는 얼마입니까?
~のチケットはどこで 買えますか.	~노 치켓토와 도코데 카에마스카	이 티켓은 어디서 구합니까?
~はどこで公演 していますか.	~와 도코데 코—엔 시테이마스카	~은 어디서 공연합니까?
舞台に近い席に してください.	부타이니 치카이세키니 시테쿠다사이	무대 가까운 자리를 주세요.

〈문제가 생겼을 때〉

일본어	발음	한국어
どうしたのですか.	도—시타노데스카	무슨 일입니까?
風邪をひいています.	카제오 히이테이마스	감기에 걸렸습니다.
迷子になりました.	마이고니 나리마시타	길을 잃었습니다.
助けて！	다스케테	살려주세요!
ドロボウ！	도로보—	도둑이야!

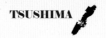

〈문제가 생겼을 때〉

일본어	발음	한국어
やめてください.	야메테쿠다사이	그만둬주세요.
パスポートを無くしました.	파스포-토오 나쿠시마시타	여권을 잃어버렸습니다.
警察を呼んで下さい.	케이사츠오 욘데쿠다사이	경찰을 불러주세요.
韓国語が話せる人を呼んで下さい	칸코쿠고가 하나세루히토오 욘데쿠다사	한국어를 할 수 있는 사람을 불러 주세요.
病院に連れていって下さい.	뵤-인니 츠레테잇테 쿠다사이	병원에 데려가 주세요.
熱があります.	네츠가 아리마스	열이 있습니다.
韓国語が話せる病院はありますか.	칸코쿠고가 하나세루 뵤-인와 아리마스카	한국어가 가능한 병원이 있습니까?

기본 단어

1	いち	이치	1시간	1時間	이치지칸
2	に	니	1개월	1ヶ月	잇카게츠
3	さん	산	월요일	月曜日	게츠요우비
4	よん/し	욘/시	화요일	火曜日	카요우비
5	ご	고	수요일	水曜日	스이요우비
6	ろく	로쿠	목요일	木曜日	모쿠요우비
7	なな/しち	나나/시치	금요일	金曜日	킨요우비
8	はち	하치	토요일	土曜日	도요우비
9	きゅう	큐-	일요일	日曜日	니치요우비
10	じゅう	쥬-	크다	大きい	오-키이
100	ひゃく	햐쿠	작다	小さい	치이사이
1000	せん	센	많다	多い	오-이
10000	まん	만	적다	少ない	스쿠나이
금일	今日	쿄우	좋다	いい	이이
내일	明日	아시타	나쁘다	悪い	와루이
어제	昨日	키노우	비싸다	高い	다카이
아침	朝(あさ)	아사	싸다	安い	야스이
밤	夜(よる)	요루	덥다	暑い	아츠이
오전	午前(ごぜん)	고젠	춥다	寒い	사무이
오후	午後(ごご)	고고	사다	買う	카우
주(7일)	週(しゅう)	슈	먹다	食べる	타베루
월	月(つき)	가츠/게츠	있다	ある	아루
일	日(じつ)	히/니치	없다	ない	나이
일분	1分	잇 푼	오른쪽	右	미기
30분	30分	산쥬분	왼쪽	左	히다리

여행 일본어 기본 단어

여권	**パスポート**	파스포-토
비자	**ビザ**	비자
경찰	**警察**	케이사츠
대사관	**大使館**	타이시칸
지갑	**財布**	사이후
환전소	**両替所**	료-가에쇼
항공권	**航空券**	코-쿠-켄
티켓	**チケット**	치켓토
열차표	**列車切符**	렛샤킷푸
비행기	**飛行機**	히코-키
열차	**列車**	렛샤
버스	**バス**	바스
돈	**お金**	오카네
택시	**タクシー**	타쿠시
지하철	**地下鉄**	치카테츠
공항	**空港**	쿠-코-
철도역	**鉄道駅**	테츠도-에키
화장실	**トイレ**	토이레
입장권	**入場券**	뉴-죠-켄
박물관	**博物館**	하쿠부츠칸
영업시간	**営業時間**	에-교지칸
휴식	**休み**	야스미
카메라	**カメラ**	카메라
식당	**レストラン**	레스토랑
바	**バー**	바-
매점	**売店**	바이텐
전화	**電話**	뎅와
스포츠센터	**スポーツジム**	스포츠지무
마사지	**マッサージルーム**	맛사지루무
비즈니스센터	**ビジネスセンター**	비지네스센타
여행 안내소	**旅行案内所**	료코-안나이죠
입국 카드	**入国カード**	뉴-코쿠카-도
장거리 버스	**長距離バス**	죠-쿄리바스
택시 승차장	**タクシー乗り場**	타쿠시노리바

마도 유카타 렌탈 & 악세사리 체험

오키나와 전통과자, 녹차서비스

Tel_080-6490-8363 | https://demado.modoo.at/

1인 1매에 한하여 다른 쿠폰 및 할인혜택과 중복사용이 불가합니다.

COUPON

조대현

63개국, 298개 도시 이상을 여행하면서 강의와 여행 컨설팅, 잡지 등
의 칼럼을 쓰고 있다. KBC 토크 콘서트 화통, MBC TV 특강 2회 출
연(새로운 나를 찾아가는 여행, 자녀와 함께 하는 여행)과 꽃보다 청
춘 아이슬란드에 아이슬란드 링로드가 나오면서 인기를 얻었고, 다
양한 여행 강의로 인기를 높이고 있으며 "해시태그" 여행시리즈를 집
필하고 있다. 저서로 블라디보스토크, 크로아티아, 모로코, 베트남, 푸
꾸옥, 아이슬란드, 가고시마, 몰타, 오스트리아, 산티아고 순례길 등이
출간되었고 북유럽, 독일, 이탈리아 등이 발간될 예정이다.

폴라 http://naver.me/xPEdID2t

대마도 & 부산시티투어버스

인쇄 I 2023년 10월 17일
발행 I 2023년 11월 7일

글 I 조대현
사진 I 조대현
펴낸곳 I 해시태그출판사
편집 · 교정 I 박수미
디자인 I 서희정

주소 I 서울시 강서구 허준로 175
이메일 I mlove9@naver.com

979-11-93069-57-8 (03940)

※ 일러두기 : 본 도서의 지명은 현지인의 발음에 의거하여 표기하였습니다.